Asfa-Wossen Asserate
Wer hat Angst vorm Schwarzen Mann?

Asfa-Wossen Asserate

# Wer hat Angst vorm Schwarzen Mann?

Eine persönliche Wortmeldung

dtv

2021 dtv Verlagsgesellschaft mbH & Co. KG, München

Lektorat: Rainer Wieland
Umschlaggestaltung: geviert.com, Christian Otto
Foto von Gaby Gerster
Satz: Uhl + Massopust, Aalen
Gesetzt aus der Aldus LT
Druck und Bindung: CPI books GmbH, Leck
Printed in Germany · ISBN 978-3-423-26314-6

*Meiner geliebten Mutter,*
*die das Erscheinen dieses Buches*
*leider nicht mehr erleben konnte,*
*in Liebe gewidmet.*

*Asfa-Wossen Asserate*

»Solange nicht die Denkweise, die eine Rasse für
überlegen und eine andere für minderwertig hält,
endgültig diskreditiert und überholt ist; solange es
Bürger erster und zweiter Klasse in irgendeiner Nation
gibt; solange, bis die Hautfarbe eines Menschen nicht
mehr von Bedeutung ist als die Farbe seiner Augen;
bis zu dem Tag, an dem die Menschenrechte für alle
gleichermaßen garantiert sind, ohne Rücksicht auf ihre
Herkunft: so lange wird der Traum von dauerhaftem
Frieden und Weltbürgertum eine flüchtige Illusion
bleiben, der man beständig nachjagt, die aber nie
erreicht wird.«

*Kaiser Haile Selassie I.,*
*Rede vor der UN-Vollversammlung,*
*New York, 4. Oktober 1963*

# Inhalt

# Einleitung

Als ich im Herbst 1968 als junger Mann aus Addis Abeba zum Studieren nach Tübingen kam, war ich für viele Menschen in dem beschaulichen deutschen Universitätsstädtchen damals wahrscheinlich der erste Dunkelhäutige, den sie zu Gesicht bekamen. Ich erinnere mich noch gut an das Gefühl, in der Fußgängerzone die Blicke der Passanten auf mir zu spüren. Oft, wenn ich in der Stadt unterwegs war, hörte ich Sätze wie »Senn Sia vo auswärds?« oder »Sie senn abr ned vo hier?«. Ich kam damals gar nicht auf die Idee, hinter solchen Begrüßungen und Näherungsversuchen einen Anflug von Rassismus zu spüren – von so etwas wie »strukturellem Rassismus« oder »Mikroaggression« war damals noch nicht die Rede. Ich entwickelte aber sehr schnell ein Gespür dafür, ob mit solchen Sätzen eine gewisse Neugier verbunden war oder ob mein Gegenüber gar nicht nach einer Antwort verlangte, geschweige denn nach einem Gespräch, und damit nur eine gewisse Unsicherheit oder Verlegenheit ausdrückte.

Es kam immer wieder vor, dass ich auf dem Marktplatz in der Sonne auf der Bank saß und eine ältere Dame auf den Platz neben mir zeigte und mich mit den Worten ansprach: »Siddzt do scho äbbr?« Wenn ich dann antwortete: »Aber nein, setzen Sie sich doch bitte!«, konnte sich daraus ein Gespräch über meine Heimat Äthiopien und meinen Weg nach Deutschland entwickeln. Natürlich fiel in diesem Zusammenhang oft auch der Satz:»Sie sprechen aber gut Deutsch!«, oder auf Schwäbisch:»Sia schwäddzad abr guad deidsch!« Wenn ich dann erzählte, dass ich in Addis Abeba auf die Deutsche Schule gegangen war, ja sogar mein Zentralabitur nach den strengen Regeln der deutschen Kultusministerkonferenz absolviert hatte, erntete ich stets ungläubiges Staunen.

Ich kann sagen, dass ich in all den Jahren, die ich in Deutschland lebe – es sind nun schon mehr als fünfzig –, kaum jemals irgendeine Form der Anfeindung oder Diskriminierung erfahren habe; und auch von den wenigen meiner dunkelhäutigen Kommilitonen damals in Tübingen habe ich nichts dergleichen gehört. An der Universität, über die der Sturm der Achtundsechziger hinwegzog, waren wir schwarzen Studenten damals Exoten, kaum einer wagte es, uns jemals zu widersprechen. Auch dann nicht, wenn ich in den aufgeheizten politischen Diskussionen, die wir damals führten, leidenschaftlich gegen die Kommilitonen vom Sozialistischen Deutschen Studentenbund das Wort erhob – schließlich hatten sie sich doch die Befreiung Afrikas und der Afrikaner auf die Fahnen geschrieben.

Ich weiß aber auch, dass es vielen Schwarzen in Deutschland ganz anders erging und ergeht. Viele Afrodeutsche, Schwarze und Dunkelhäutige, mit denen ich sprach, haben mir von Anfeindungen und Zurückweisungen berichtet. Nicht wenigen von ihnen wurde schon einmal das »N-Wort« auf der Straße hinterhergerufen; manch einer wurde, wenn er bei der Suche nach einer Wohnung oder nach einer Arbeitsstelle seinen Namen nannte oder wenn es zum Besichtigungstermin oder Vorstellungsgespräch kam, brüsk zurückgewiesen. Lag es also daran, dass wir Schwarzen in den 1960er- und 1970er-Jahren damals in Deutschland so wenige waren? Das mag eine Rolle gespielt haben, aber sicher noch etwas anderes: Rassismus ist oft auch eine Frage der Klasse – im Vergleich zu den Bedingungen, in denen viele Dunkelhäutige und Afrodeutsche hierzulande lebten und leben, war (und ist) meine Lage recht privilegiert. Das gilt erst recht für die Afrikaner, die in den letzten Jahren als Migranten oder Flüchtlinge ins Land gekommen sind – oft mit nichts weiter als dem, was sie am Leibe trugen.

Ich erinnere mich noch lebhaft an eine Szene, die sich in meiner Tübinger Studentenzeit zutrug. Es war Frühling, und ich ging am Neckar spazieren, als ich auf einem Sportplatz ein paar Dutzend Kinder bei einem mich wunderlich anmutenden Spiel beobachtete. Die Kinder waren um die zwölf Jahre alt, es handelte sich offensichtlich um eine Schulklasse, ihr Lehrer war ebenfalls zugegen. Die Gruppe der Schüler stand dicht zusammen, und ihnen gegenüber im Abstand von vielleicht zwanzig Metern ein einzelner Junge, der laut in die Richtung der Menge schrie: »Wer hat Angst vorm Schwarzen Mann?« Einen kurzen Augenblick dachte ich, ich sei gemeint, aber die Spielenden beachteten mich gar nicht. »Niemand«, schallte es von gegenüber dem Jungen entgegen. »Und wenn er aber kommt?«, rief dieser zurück. »Dann laufen wir davon«, antwortete die Schar der Kinder im Chor – und lief dem Jungen entgegen. Dieser setzte sich ebenfalls in Bewegung, und es gelang ihm, ein paar der Entgegenkommenden mit der Hand abzuschlagen. Sodann formierten sich die Spielenden von Neuem in umgekehrter Aufstellung. Und der Junge – in Begleitung derjenigen, die er abgeschlagen hatte – begann von Neuem zu rufen: »Wer hat Angst vorm Schwarzen Mann?« – »Wir nicht.« – »Und wenn er aber kommt?« – »Dann laufen wir davon.« Und wieder rannten die beiden Gruppen aufeinander zu, und wieder versuchte der Junge, diesmal zusammen mit seinen hinzugewonnenen Gehilfen, so viele Spieler wie möglich anzutippen. So ging das Spiel weiter, bis schließlich alle Mitspieler abgefangen waren. Den Kindern bereitete es sichtlich Vergnügen, sie spielten mehrere Runden.

Ich überlegte, ob ich den Lehrer, der das Geschehen un-gerührt von der Seite aus mitverfolgte, ansprechen sollte, was es mit diesem Spiel auf sich habe, aber ich traute mich damals nicht und ging weiter. Am nächsten Tag fragte ich an der Universität meine deutschen Kommilitonen danach. Sie alle kannten das Spiel und hatten es selbst in ihrer Kindheit oft gespielt. Niemand, versicherten sie mir, habe bei dem »Schwarzen Mann« an einen Afrikaner oder einen dunkel-häutigen Menschen gedacht: »Das hat man eben einfach so gesagt, ohne groß darüber nachzudenken.« Später erfuhr ich, dass das Spiel bereits Ende des 18. Jahrhunderts beschrieben wurde und der »Schwarze Mann« einst für den »Schwarzen Tod« – die Pest – stand: Jeder, der von der Seuche befallen – im Spiel: abgeschlagen – wird, wird dem wachsenden Heer des »Schwarzen Mannes« einverleibt.

Trotz seiner recht gut belegten Herkunft geriet das Kin-derspiel in den letzten Jahren unter Rassismusverdacht. So wollten etwa besorgte Eltern im schweizerischen Wallis es per Beschluss der Schulleitung aus der Schule verbannt sehen. Die Walliser Bildungsdirektion lehnte mit Verweis auf die Herkunft des Spieles ein Verbot ab, schlug aber einen neuen Namen vor: »Wer hat Angst vor dem Wolf?«[1] Was sich, soweit ich es überblicken kann, wohl nicht durchsetzen konnte.

»Wer hat Angst vorm Schwarzen Mann?« Diese Frage wurde und wird in Europa neuerdings immer öfter gestellt. Die aktuelle Flüchtlingskrise hat die Ängste und Sorgen in vielen Teilen Europas wie auch in Deutschland vor einem »Flüchtlingsstrom« aus Afrika und einer drohenden »Überfremdung« geweckt. Und auch in Deutschland erhielten Parteien und Organisationen Zulauf, die sich diese Sorge populistisch zunutze machen. Die gegenwärtige Corona-Pandemie mit ihren mittel- und langfristigen Folgen – einer weltweiten Rezession, Zunahme von Hunger und Armut, Kriegen und Flucht – droht die Konflikte weiter zu verschärfen.

Aber auch die Afrodeutschen und Menschen anderer Hautfarbe in diesem Land melden sich verstärkt zu Wort und sprechen über ihre Erfahrungen mit Diskriminierung und Rassismus. Sie sind Teil der Millionen von Deutschen und in Deutschland Lebenden »mit Migrationshintergrund«, die dieses Land in den letzten Jahrzehnten vielfältiger gemacht haben. Im Mai 2020 sorgte der Tod des Afroamerikaners George Floyd, der in Minneapolis bei einer gewaltsamen Festnahme in Polizeigewahrsam zu Tode kam, weltweit für Wut und Empörung. »Black Lives Matter!« schrieben sich die vielen Menschen auf die Fahne, die überall gegen Diskriminierung von Schwarzen auf die Straße gingen, auch in Deutschland. Denn auch hierzulande scheint das Zusammenleben der Menschen mit verschiedener Hautfarbe alles andere als selbstverständlich. Das fängt schon mit der Diskussion darüber an, wie man Menschen mit schwarzer Hautfarbe bezeichnen soll – als »Schwarze«, »Afrodeutsche«, »Farbige« oder lieber mit dem englischen Ausdruck *People of Color*? Jüngst wurde auch noch der Begriff BIPoC geprägt – abgekürzt für *Black, Indigenous and People of Color* –, als Sammelbegriff für Schwarze, Indigene und andere nichtweiße Menschen. Ob er als Eigenbezeichnung taugt? Ich jedenfalls kann mir nicht vorstellen, dass ich jemals von mir sagen werde: »Ich bin BIPoC«.

Über Rassismus wird heute mehr denn je leidenschaftlich diskutiert. Wer öffentlich des Rassismus bezichtigt wird, dessen Karriere kann ein schnelles Ende nehmen. Aber gibt es wirklich so etwas wie »systemischen Rassismus«, der unserer Gesellschaft eingeschrieben ist, und wenn ja, wie lässt sich damit umgehen? Ist ein Wort wie »Schwarzfahrer« noch tragbar? Müssen die »Mohrenstraße« in Berlin und die nach ihr benannte U-Bahn-Station umbenannt werden, ebenso wie die zahlreichen Mohren-Apotheken im ganzen Land? Soll König Melchior, der Schwarze unter den Heiligen Drei Königen, aus den Weihnachtskrippen verbannt werden, wie es die Ulmer Münstergemeinde kürzlich beschloss, weil dessen Darstellung mit dicken Lippen und bloßen Füßen rassistisch sei? Sind die Sternsinger mit einem schwarz bemalten heiligen König, die am Dreikönigstag durch die Straßen ziehen, noch tragbar? Und was ist mit dem weißen Schauspieler, der auf der Bühne, schwarz geschminkt, den Othello mimt? Sollen Kinderbücher wie *Pippi Langstrumpf* umgetextet werden, um aus ihnen etwa das anstößige »N-Wort« zu tilgen?

Und ganz grundsätzlich gefragt: Darf man die Bücher des größten deutschen Philosophen der Aufklärung Immanuel

Kant noch lesen, der doch in einigen Schriften die »Neger« und »roten Indianer« für »unfähig zu aller Kultur« befunden hatte? Sollten Goethe und Schiller aus den Lehrplänen gestrichen werden, damit *Writers of Color* ihren verdienten Platz im Schulunterricht finden; müssen Bach, Beethoven und Brahms von den Konzertprogrammen weichen, damit endlich auch *Composers of Color* in Deutschlands Konzerthäusern zu hören sind? Auch die Museen hat die Debatte ins Mark getroffen, seitdem immer mehr ins öffentliche Bewusstsein gerät, dass eine Vielzahl ihrer ausgestellten Exponate aus den einstigen Kolonien unter dubiosen Umständen nach Europa geschafft wurden und in ihren Besitz gelangten. Was aber tun mit der »Raubkunst«? Sollen die Ausstellungshallen leergeräumt und deren Schätze an ihre wahren Eigentümer rückerstattet werden? In den Seminaren der Universitäten wird über und mit Begriffen wie *Colorism*, *Reclaiming, Tokenism, White Supremacy, Critical Race Theory* und *Wokeness* diskutiert, während ein erheblicher Teil der Bevölkerung, nicht nur die viel beschworenen »alten weißen Männer«, zunehmend ratlos außen vor steht, weil er die Debatten darum nicht mehr nachvollziehen kann – oder will.

Das vorliegende kleine Buch ist als eine persönliche Wortmeldung zu verstehen. Sein Autor – wenn man es so sagen will, seinerseits ein alter schwarzer Mann – maßt sich nicht an, die Weisheit mit Löffeln gefressen zu haben. Es ist keine Streitschrift, sondern ein Versuch, inmitten und jenseits der mitunter verbissen geführten Debatten wieder miteinander ins Gespräch zu kommen. Ein bisschen historisches Wissen kann dabei nicht schaden – ist doch seit vielen Jahrhunderten schwarze Geschichte ein Teil deutscher Geschichte. In Zeiten wie diesen, in denen die allgemeine Erregungsbereitschaft hoch ist, bedarf es vor allem eines guten Willens von allen Seiten, einander zuzuhören und aufeinander zuzugehen.

*Asfa-Wossen Asserate,*
*Frankfurt am Main, im Juni 2021*

# Kapitel 1
# »Schwarz und schön«

*Von schwarzen Heiligen,*
*Königinnen und Madonnen*

Verschiedene menschliche »Rassen« gibt es nicht, darüber herrscht heute unter Wissenschaftlern und aufgeklärten Menschen Einmütigkeit. Wir wissen heute: Menschen jeglicher Hautfarbe und Herkunft sind im Erbgut zu mehr als 99,99 Prozent identisch. Dass Menschen unterschiedlich aussehen, ist eine Folge von Migration und der Anpassungsfähigkeit des Homo sapiens an eine neue Umwelt – und kein Ausdruck von genetischer Andersartigkeit. Menschliche »Rassen« gibt es nicht, sehr wohl aber das, was wir gemeinhin Rassismus nennen: die Diskriminierung und Abwertung von Menschen aufgrund ihrer Hautfarbe oder ihrer ethnischen Zugehörigkeit. Hartnäckig hält sich das Vorurteil, man könne seinem Gegenüber gute oder schlechte Eigenschaften quasi an der Nasenspitze ansehen. Aber woher kommt diese Vorstellung? Wie kommt es, dass sich Weiße gegenüber Menschen mit anderer Hautfarbe überlegen fühlen? Seit wann überhaupt gibt es diese Einteilung in Schwarze, Weiße, Gelbe und Rote?

Die Entwicklung des Menschen ist über sieben Millionen Jahre alt. Wissenschaftler sind sich heute darüber einig, dass die Wiege des Menschen auf dem afrikanischen Kontinent stand. Von dort aus wanderten die Menschen vor rund 40.000 Jahren in die ganze Welt aus und gelangten auch nach Europa. »Alle Menschen auf der Erde sind aus genetischer Sicht Teil der afrikanischen Vielfalt«, erklärt Johannes Krause, Direktor am Max-Planck-Institut für evolutionäre Anthropologie in Leipzig.[2] Die Europäer sind genetisch sogar näher verwandt mit den Ostafrikanern als die Ostafrikaner mit den Westafrikanern. Und bis vor rund 7000 Jahren war die Hautfarbe der Menschen auf dem europäischen Kontinent so dunkel wie heute bei Menschen südlich der Sahara – sie waren schwarz. Dunkle Haut schützt vor starker Sonneneinstrahlung, bildet aber bei weniger Sonnenlicht nicht genug Vitamin D, das für den Menschen lebenswichtig ist. Als die Menschen begannen, Ackerbau zu betreiben, und sesshaft wurden, wurde ihre Haut mit der Zeit heller. Die helle Haut ist eine Anpassung an die Umwelt, die dem Menschen dabei hilft, Vitamin D zu produzieren.[3]

Bis zum Ende des ersten Jahrtausends nach Christus waren schwarze Afrikaner in Mitteleuropa nahezu unbekannt. Vereinzelt mochten im dritten Jahrhundert schwarze römische Söldner ihren Weg in die römischen Provinzen gefunden haben, Zeugnisse darüber sind kaum überliefert. Gleichwohl waren mythische Bilder von schwarzen Menschen im Umlauf, genährt von der Lektüre der Bibel und anderer antiker Schriften.

»Schwarz bin ich, aber schön«, heißt es im *Hohelied* des Alten Testaments, dem Liebeslied von König Salomo und seiner Geliebten Sulamith. So wird das Bekenntnis Sulamiths jedenfalls für gewöhnlich aus dem Hebräischen wiedergegeben. Der Satz kann aber genauso gut so übersetzt werden: »Schwarz bin ich *und* schön.« So heißt es jedenfalls in der *Septuaginta*, der ersten Übersetzung des Alten Testaments ins Altgriechische.[4]

»Schwarz und schön«: Die Bilder von Schwarzen in der Antike und im Mittelalter waren in vielen Fällen positiv besetzt. In der *Ilias* Homers werden die »unsträflichen Äthiopen« gepriesen, mit denen Göttervater Zeus und die anderen Himmlischen gespeist hatten.[5] Für Herodot waren die Äthiopier die »größten und schönsten Menschen«, »aufrichtig« und »redlich«, und die meisten von ihnen würden »hundertzwanzig Jahre alt, einige auch noch älter«.[6]

Das alttestamentarische *Buch der Könige* berichtet von der Königin von Saba, die vom legendären König Salomo hörte und »mit Kamelen, die Balsamöle und Gold trugen in sehr großer Menge und Edelsteine« an dessen Hof in Jerusalem kam, um dem jüdischen Herrscher zu huldigen. Der König Salomo gab der Königin von Saba daraufhin »alles, was sie sich wünschte«. In der äthiopischen Überlieferung des *Kebra Negest* schenkte die Königin von Saba dem König Salomo einen Sohn, Menelik, der zum Stammvater des äthiopischen Königtums wurde. Die Kirchenschreiber Origenes und Isidorus beschreiben die Königin von Saba als »anmutige Heidin«, die sich aus eigenem Entschluss zum Christentum bekennt.[7] In dem prächtigen Altar für das Stift Klosterneuburg, den Nikolaus von Verdun in den Jahren 1171 bis 1181 schuf, ist die Königin von Saba erstmals als Schwarze dargestellt. Und heute wird unter Forschern diskutiert, ob sich hinter der im *Hohelied* besungenen Geliebten Sulamith des Königs Salomo nicht die Königin von Saba verbergen könnte.

Von einer schwarzen Königin erzählt auch der *Parzifal* von Wolfram von Eschenbach, der um das Jahr 1200 entstand.[8] Gleich zu Beginn des Epos verschlägt es den Königssohn und Ritter Gahmuret auf der Suche nach ritterlichen Abenteuern in das Königreich Zazamanc. »Finster wie die Nacht (»vinster sô diu naht«) waren die Bewohner dort und »rabenschwarz« (»nâch rabens varwe«). Eine »schwarze Mohrin« war auch ihre Königin Belakane, und obwohl sie eine »Heidin« war, war ihre Unschuld wie »reines Taufwasser« (»ir kiusche was ein reiner touf«). Es kam, wie es kommen musste: Gahmuret und die Königin verlieben sich ineinander; entwaffnet wird der Ritter »mit schwarzer Hand« (»entwâpent mit swarzer hant«) von der Königin höchstselbst in ihrer Kammer: Da lag Belakane »in süßer Minne« bei Gahmuret, »und doch war die Haut der zwei verschieden« (»ungelîch was doch ir zweier hût«).

Neun Monate später – der Ritter Gahmuret war da längst zu neuen *Aventuren* weitergezogen – brachte die schwarze Königin ihren gemeinsamen Sohn zur Welt: Feirefiz. An ihm, schreibt Wolfram, »wollte Gott ein Wunder wirken«: Er war von zweierlei Farbe, »weiß schien seine Haut und schwarz« (»wîz und swarzer varwe er schien«). Gott selbst also hat hier seine Hand im Spiel. Der »Mulatte« Feirefiz ist der Bruder Parzifals und wird von diesem am Ende des Epos eigenhändig getauft. Nicht nur die Verbundenheit von schwarzen und weißen Menschen ist in ihm verkörpert; Feirefiz wird zum Idealbild eines neuen edlen Rittertums, das die Tugend der Tapferkeit und Eleganz mit dem rechten Glauben vereint. Der getaufte Feirefiz nimmt die Hüterin des heiligen Grals zur Frau und zieht mit ihr nach Osten. Ihr gemeinsamer

Sohn ist »priester Johan« – der legendäre Priesterkönig Johannes, Beherrscher des äthiopischen Christenreichs.

Im 11. Jahrhundert nach Christus hatte sich in Europa die Legende vom Priesterkönig verbreitet, der in Afrika über ein großes und mächtiges christliches Reich herrsche. Um das Jahr 1160 soll der Priesterkönig dem König von Byzanz einen Brief geschrieben haben: Zweiundsiebzig Könige seien ihm tributpflichtig, erklärte der »König der Könige an den Grenzen der Welt«, dessen Herrschaftsgebiet sich über die »drei Indien« erstrecke – Äthiopien, Mesopotamien und Vorderindien nach damaligem Verständnis. Sein Palast sei von einmaliger Pracht: die Wände und Fußböden aus Onyx, die Esstische aus Gold und Amethyst. In einer Ecke des Thronsaals entspringe eine Quelle, wer aus ihr regelmäßig trinke, werde dreihundert Jahre alt und sich dabei immer im besten Jugendalter befinden. Nahe dem Palast befinde sich ein riesiger Spiegel, in dem der Herrscher über »Christiani Nigri« die Geschehnisse in allen Provinzen seines Reiches verfolgen und so jegliche Verschwörung gegen den Thron schon im Keime ersticken könne. Er befehlige ein mächtiges christliches Heer, und viermal im Jahr empfange er die schönsten Frauen des Reiches, um mit ihnen stattliche Nachkommen zu zeugen. Auf europäischen Weltkarten wie der Genueser Weltkarte von 1457 wird der Priesterkönig Johannes mit schwarzer Hautfarbe dargestellt.

Zu den tugendhaften schwarzen Herrscherinnen und Herrschern in Afrika wie der Königin von Saba, der Königin Belakane und dem Priesterkönig Johannes gesellten sich im Hochmittelalter bald auch christliche Märtyrer und Heilige, die mit schwarzer Haut dargestellt wurden. Bereits im frühen Mittelalter kam in Europa die Legende auf, die biblischen Heiligen Drei Könige stünden für die drei Kontinente Europa, Asien und Afrika. In den Evangelien des Neuen Testaments ist nur von Sterndeutern oder »Magiern« die Rede, die der Stern von Bethlehem zum neugeborenen »König der Juden« führt, dem sie mit ihren dargebrachten Geschenken Gold, Weihrauch und Myrrhe huldigten. Bald aber wurden sie als Könige gedeutet, und ihnen wurden Namen zugeteilt: Caspar, Melchior und Balthasar. Als »Mohrenkönig« wurden wechselweise alle drei genannt, im späten Mittelalter wurde es üblich, einen von ihnen mit schwarzer Hautfarbe darzustellen. Zur selben Zeit wurden auch die Dreikönigsspiele populär, die sich bis heute in Deutschland und anderen Ländern im Brauch der Sternsinger am 6. Januar, dem Dreikönigstag, erhalten haben – auch wenn heute darüber eifrig diskutiert wird, ob es denn noch stattbar sei, dass sich der Darsteller des Weisen aus Afrika dazu das Gesicht schwarz färbe.

Der heilige Mauritius aus Theben verdankt seine Verehrung als Heiliger der Tatsache, dass er sich Ende des 3. Jahrhunderts als Kommandeur der hauptsächlich aus Christen bestehenden Thebäischen Legion bei der Überquerung der Alpen geweigert hatte, gegen seine Glaubensgeschwister im Schweizer Rhone-Tal ins Feld zu ziehen. Daraufhin ließ Kaiser Diokletian sämtliche Männer und Offiziere der Legion hinrichten. Der heilige Mauritius wurde zum Schutzpatron der Ottonen und der nachfolgenden Kaiser des Heiligen Römischen Reiches Deutscher Nation. Er wurde – im Kettenhemd, mit Schild und Lanzenfahne – zunächst als Weißer dargestellt, bis zum Jahre 1240: Da wurde im Magdeburger Dom eine lebensgroß in Stein gemeißelte Figur aufgestellt, die ihn als Ritter mit schwarzer Hautfarbe zeigt. Hier ist der heilige Mauritius bis heute zu bewundern. Nur das Gesicht schaut aus dem Panzerhemd hervor, das wie ein Helm um seinen Kopf liegt. Stolz und schwarz blickt er dem Betrachter ins Gesicht. Der schwarze Ritterheilige wurde zum Schutzpatron zahlreicher Kirchen im Reich. Bis heute schmückt er die Wappen von Bad Sulza, Büderich, Coburg, Förderstedt, Krautheim und Zwickau und anderer Gemeinden.[9] Auch andere afrikanische Märtyrer wie im Kölner Raum Gereon und Gregorius Maurus werden seit dieser Zeit hoch verehrt. Im ebenfalls von Nikolaus von Verdun geschaffenen Kölner »Dreikönigenschrein« befinden sich nicht nur die Reliquien der Heiligen Drei Könige, die Kaiser Friedrich Barbarossa dem Kölner Erzbischof 1164 zum Geschenk gemacht hatte, sondern auch die Gebeine der zwei afrikanischen Märtyrer Nabor und Felix.

Sogar um die Muttergottes entstand im Mittelalter ein Kult, der sie als Schwarze Madonna verehrt. Die ältesten, der Legende nach dem Evangelisten Lukas zugeschriebenen Bildnisse von Schwarzen Madonnen stammen aus dem 6. bis 9. Jahrhundert, die ersten Statuen wohl aus dem 12. und 13. Jahrhundert. In Hildesheim, Köln, Nürnberg, Würzburg, Altötting, Regensburg, Prag und vielen anderen Städten im deutschsprachigen Raum waren oder sind Bildnisse Schwarzer Marien zu sehen. Von dort verbreitete sich der Kult über weite Teile Europas. In Polen wird die Schwarze Madonna von Tschenstochau auf dem Berg Jasna Góra als Nationalheiligtum verehrt. Sie ist mit Tempera auf eine Holztafel gemalt, in ihrem Arm hält sie ein schwarzes Jesuskind, beide umgibt ein goldener Heiligenschein. Einige der Statuen, wie etwa in Loreto und Montserrat, zeigen die Schwarze Madonna mit einer Weltkugel in der Hand – Ausweis ihres weltumspannenden Herrschaftsanspruchs.

Historiker haben die Popularität der Darstellungen von schwarzen Heiligen, Königen und Madonnen mit der Politik der Staufenkaiser in Zusammenhang gebracht, sie standen im Dienste von Kirche und Reich. Denn es ist kein Zufall, dass die »Schwarzwerdung« der Heiligen in die Zeit der Kreuzzüge fiel.[10]

Nachdem das christliche Königreich Jerusalem in die Hände des Sultans Saladin gefallen war, hatte Papst Georg VIII. 1187 »die Gläubigen aller Länder« zum Kreuzzug aufgerufen. Friedrich Barbarossa war entschlossen, das »Kreuz aufzunehmen«. Der Kreuzzug des betagten, fast siebzigjährigen Stauferkaisers sollte die Krönung seines Kaisertums sein, doch er geriet zum Debakel. Nach einjährigem Marsch ertrank Friedrich Barbarossa im Juni 1190 in Westkilikien, als er den Gebirgsfluss Saleph mit seinem Pferd überqueren wollte. Wenig später erfasste eine Ruhrepidemie das Heer. Von dem riesigen militärischen Aufgebot der »Ritter Christi« erreichte nur ein kleiner Haufen das Heilige Land.

Im Jahr 1220 wurde Barbarossas Enkel, Friedrich II., vor dem Mauritius-Altar des Petersdoms in Rom zum Kaiser des Heiligen Römischen Reiches gekrönt. Der Kreuzzug, zu dem der Kaiser im Juni 1228 aufbrach, verlief erfolgreicher als der seines Großvaters. Am Verhandlungstisch schloss Friedrich II. mit dem Sultan al-Kamil einen zehnjährigen Waffenstillstand. Die zentralen Ziele der christlichen Pilger – Jerusalem, Bethlehem und Nazareth – wurden an Friedrich abgetreten. Der Hohenstaufenkaiser sah sich als Brückenbauer zwischen den Religionen und verfolgte gegenüber dem Islam eine aufgeklärte, tolerante Position.

Kurz bevor die Arbeit an der Statue des heiligen Mauritius in Magdeburg begann, besuchte der Kaiser 1231 mit großem Gefolge den Dom. Vermutlich war es Friedrich II. selbst oder der Erzbischof Albrecht von Magdeburg, einer seiner engsten Vertrauten, der die Anfertigung in Auftrag gegeben hatte. Der heilige schwarze Ritter, der schwarze unter den Heiligen Drei Königen, die schwarze Königin Belakane und die Schwarze Madonna sind also nicht bloß Ausdruck der Wertschätzung Dunkelhäutiger; sie beglaubigten die universelle Herrschaft des Staufenkaisers. Ebenso wie von den Fürsten im Reich verlangte der Kaiser auch von den »Heiden« Asiens und Afrikas Gefolgschaft. Mochte auch ihre Hautfarbe noch so dunkel sein, im Herzen waren sie doch »weiß«. Denn Schwarz und Weiß waren im Mittelalter nicht einfach nur Hautfarben. Schwarz war die Farbe der Sünde und des Teufels. »Swarz unt ubel getan« waren dem *Rolandslied* des Pfaffen Konrad zufolge die »Sarazenen«, die muslimischen Feinde, gegen die man in den Kreuzzügen kämpfte.[11] Schwarz war die Farbe der Heiden, die sich der christlichen Mission entzogen. So konnte das Verdikt auch die heidnischen »alswarzen Ungeren« (die »schwarzen Ungarn«) treffen, gegen die man im Osten des Reiches zu Felde zog. Weißsein und Schwarzsein waren keine menschlichen Qualitäten, die einander ausschlossen. »Gar mancher Schwarze ist innen voller Vorzüge«, dichtete Walther von der Vogelweide am Hofe Friedrichs II., »ach, wie sind die Herzen der Weissen, / wenn einer sie umwenden will?«[12]

»Der fest steht und treu«, schreibt Wolfram von Eschenbach im berühmten Elsterngleichnis, das seinem *Parzifal* vorangestellt ist, der hält es mit den Weißen. »Wer sich mit der Treulosigkeit zusammentut, der hat die schwarze Farbe ganz und muß auch nach der Finsternis geraten.« Die meisten Menschen freilich sind gemustert wie die Elstern: An ihnen ist »etwas von beiden: vom Himmel und von der Hölle.«[13]

Wenn Friedrich II. auf Reisen ging, zog er mit prächtigem Hofstaat durch die Lande, zu dem auch exotische Tiere und fremde Menschen gehörten. Wer Löwen und schwarze Krieger mit sich durch Deutschland führen konnte, der herrschte weltumspannend. Zum Hofstaat des »Stupor mundi« in Sizilien gehörten mehrere Afrikaner, die von ihm hochgeschätzt wurden, darunter sein Haushofmeister Johannes Maurus. Der Kaiser bezeichnete sich selbst als »König von Afrika«. Sein Reich, daran ließ Friedrich II. keinen Zweifel, sollte sich über sein Territorium hinaus über Länder und Meere hinweg bis zu fernen Gefilden erstrecken. Friedrichs Wertschätzung von Afrikanern war im Volk derart verbreitet, dass Jahrzehnte nach dessen Tod der Hochstapler Tile Kolup mit schwer beladenen Maultieren und drei »Mohrenkämmerern« als wiedergekehrter Friedrich durch Deutschland ziehen konnte. Der afrikanische Hofstaat beglaubigte die Meinung, dass es sich bei dem Mann hoch zu Ross tatsächlich um den Hohenstaufenkaiser handeln musste. Der falsche Friedrich empfing hohe Herren und Legaten, Bischöfe und Fürsten und gab kaiserliche Urkunden aus – bis er nach einem Jahr aufflog, gefangen genommen und als Ketzer verbrannt wurde.

Mit dem Tod Friedrichs II. im Jahre 1250 und dem Ende der Hohenstaufer war es mit der Vision der »Weltmonarchie« des deutschen Kaisertums vorbei. Doch auch für die Fürsten und hohen Adeligen in ganz Europa galt bald: Wer an seinem Hof mit Pracht und Reichtum glänzen wollte, der schmückte sich mit schwarzen Dienern. Über den Sklavenhandel, der im 14. und 15. Jahrhundert zu florieren begann, gelangten nun zahlreiche schwarze Menschen nach Europa. In Sizilien, Neapel, Venedig, Genua, Barcelona und Sevilla wurden sie auf den Märkten als Sklaven feilgeboten. Weltläufige Gesandte und Diplomaten waren wohl die Ersten, die sich mit Schwarzen als Dienern umgaben. Als Albrecht Dürer 1521 in die Niederlande reiste, zeichnete er die »Mohrin Katharina«, die im Dienst des portugiesischen Gesandten Joano Brandano stand. Von Portugal und Italien aus verbreitete sich der Brauch in ganz Europa. Auch an deutschen Höfen wurde es bald zur Regel, sich »Mohrenkämmerer« zu halten. Wie manch ein Fürst beschäftigte im 16. Jahrhundert Wilhelm V. von Bayern ein Netz von Agenten, um an »Mohren« für das »Raritätenkabinett« an seinem prächtigen Renaissance-Hof in Landshut zu kommen. Für den ersten schwarzen Knaben, der am 30. November 1569 von dem österreichischen Kriegsmann Adrian von Sittinghausen aus Genua »abgeschickt« wurde und am 13. Januar 1570 an der Isar eintraf, bezahlte der Herzog 117 Kronen und 52 Schillinge.[14]

Was bei Fürsten und Adligen zum guten Ton gehörte, war bald auch den großen Kaufleuten recht und billig. Kaufmannsfamilien wie die Welser, die Fugger, die Scherz hatten in ganz Europa verstreut ihre Niederlassungen und handelten mit wertvollen Waren aus Indien, Afrika und Amerika. Viele von ihnen waren auch in den Handel mit Sklaven verwickelt. Kaiser Karl V. gewährte zu Beginn des Jahres 1528 den Augsburger Welsern die Statthalterschaft über die spanische Überseeprovinz Venezuela. Auf ihren Expeditions- und Handelsschiffen lieferten sie nicht nur Gold, Perlen, Indigo und Edelhölzer nach Europa, sondern auch schwarze Menschen als Sklaven. Innerhalb von zehn Jahren verschleppte die Welser-Gesellschaft 1005 Sklaven und verkaufte sie außerhalb Venezuelas.[15]

Die mit dem Adel konkurrierenden Kaufleute stellten ihren Reichtum gerne zur Schau, und dazu gehörten meist auch schwarze Pagen in prächtiger Livree. Als Ausweis ihrer Weltläufigkeit nahmen Patrizierfamilien – wie etwa die Nürnberger Tucher und die Württemberger Kirchberg »Mohrenköpfe« in ihre Wappen und Siegel auf. Auch Albrecht Dürer stellte einen »Mohr« ins Zentrum seines Familienwappens, mit Ring im Ohr und umgeben von einem Federkranz. Ganze Kaufmannsgilden begannen sich damit zu schmücken. Die »Schwarzhäupter« im baltischen Riga und Reval, die sich vermutlich nach dem heiligen Mauritius benannten, führten diesen in ihrem Wappen. Der »Mohrenkopf« im Wappen der Kaufmannsgilde der Kölner »Dreikönigsgesellschaft« wiederum nimmt auf den schwarzen der Heiligen Drei Könige Bezug. Der schwarze König Balthasar avancierte zum Schutzheiligen der Reisenden in aller Welt, während die schwarze Madonna dafür verehrt wurde, dass sie ihre schützende Hand über die Seereisenden hielt. Wirtshäuser und Pilgerherbergen am Rhein und später auch in ganz Deutschland benannten sich nach den schwarzen Heiligen: »Zu den Heiligen Drei Königen«, »Zu den drei Mohren«, »Zum goldenen Stern«, »Zum stolzen Mohren«. Der Besitzer und Wirt des Kölner Wirtshauses »Zum schwarzen Mohr«, das seit 1323 bestand, wurde nach seinem Haus Fritz Mohr genannt.[16]

Gasthäuser brachten über ihren Türen hölzerne oder guss-eiserne Schilder mit einem »Mohrenkopf« an, um Reisenden anzuzeigen, dass sie hier Unterkunft fanden. Ebenso hielten es die Apotheken, die seit dem 13. Jahrhundert entstanden. In ihnen wurden Gewürze, Zucker und Heilpflanzen aus dem Orient feilgeboten. Sie trugen den Mohren nicht selten auch in ihrem Namen wie die »Mohrenapotheke« oder das Haus »Zum schwarzen Mohren«. Nach den Gasthäusern und Apotheken wurden oft auch die Straßen benannt, in denen sie lagen. So entstanden die »Mohrengassen« und die »Mohren-straßen«, die es bis heute in vielen deutschen Städten gibt – und über deren Benennung seit einigen Jahren so heftig dis-kutiert wird.

Auch wenn sich in der Frühen Neuzeit neben den Fürs-ten und Adeligen immer mehr Bürgerliche mit »Mohren« zu schmücken begannen: Für die unteren Schichten, namentlich die Bauern, waren die »Mohren« suspekt. Nicht, weil sich die Bevölkerung vor ihnen fürchtete, sondern weil man sie mit fürstlichem Prunk, Luxus, Genusssucht und feiner Lebensart im Bunde sah – mochten sie auch in Wahrheit Sklaven und Leibeigene sein. Auf dem berühmten Triptychon vom *Garten der Lüste*, das Hieronymus Bosch Ende des 15. Jahrhunderts schuf und das heute im Madrider Prado zu bewundern ist, sind auf der Mitteltafel inmitten des falschen irdischen Paradieses unter den nackten Frauen auch einige schwarzhäutige zu sehen. Sie räkeln sich verführerisch an einem Teich und halten Früchte empor. Um sie herum reiten auf Pferden, Ochsen, Schweinen, Einhörnern und anderen Fabelwesen sit-zende nackte Männer im Kreis, von den Frauen in Bann gezo-gen und der Sünde verfallen.

In den volkstümlichen Fastnachtsspielen, Narrenfesten und Umzügen, die die Vergnügungen der Reichen und Adligen karikierten, hatten neben exotischen Tieren auch die »Mohren« ihren Platz. In dem »Kopf-Ballett«, das in Stuttgart 1616 aufgeführt wurde und von Matthäus Merian festgehalten wurde, ist Afrika als ein riesiger »Mohrenkopf« aus Pappe, Holz und Leinwand dargestellt, mit aufgerissenen Augen und offenem Mund, der die weißen Zahnreihen zeigt. Aus seinem Mund kroch »ein nacketer langer und wohlbesetzter Mohr« hervor, »mit einem schönen Umbschurz umb den Leib, und köstlichem Armband«, gefolgt von einem weiteren »Mohr«.[17] Aus dem Maul Afrikas befreit, beginnen sie mit Trommeln und Schellen einen »Mohrentanz«.

Der »Moriskentanz«, bei dem Tänzer mit geschwärzten Gesichtern oder schwarzen Masken auftraten, erfreute sich seit Mitte des 15. Jahrhunderts auch in Deutschland an Fastnacht großer Beliebtheit. Das Wort »Moriske« leitet sich ebenso wie der »Mohr« von der Bezeichnung *moriscos* für die Mauren ab, die von Arabern islamisiert wurden. Ob der Moriskentanz aus dem Kampf zwischen Mauren und Christen in Spanien entstanden ist, um sich von dort aus über Süd- und Westeuropa zu verbreiten, ist unter Forschern umstritten. Der »Moriske« war dabei vermutlich nur einer von mehreren Charakteren, die für die ganze Bevölkerung standen. Neben ihm gab es den »Bauern«, den »Jüngling«, die »Dame« und andere mehr. In manchen Fastnachtsspielen tauchte darüber hinaus auch die Königin von Saba auf, die die Hohen Herren mit ihren erotischen Reizen bezirzte und um den Verstand brachte.

Die Bilderstürmer der Reformation machten schließlich

auch vor dem heiligen Mauritius und der Schwarzen Madonna nicht halt. Die Verehrung von Heiligen erschien ihnen als Aberglaube und Götzendienst. Die Schwarze Maria mit ihren magischen Kräften erzürnte Hugenotten, Calvinisten und Lutheraner gleichermaßen. Ihre Bildnisse wurden im Sturm auf die Kirchen zusammen mit denen anderer Heiliger zerstört. So kam es, dass sich fast ausschließlich in katholischen Gebieten Bildnisse von Schwarzen Madonnen erhalten haben.

Kapitel 2

# »Weder Christen, Juden noch Mamohetaner«

*Vom »Mohr« zum »Neger«*

Der Beginn der Neuzeit mit der sogenannten Entdeckung Amerikas durch die Europäer veränderte auch das Bild Europas auf die Schwarzen. Der Atlantische Ozean, vormals eine kaum zu überwindende Barriere, wurde zu einer Handelsstraße, die auf einmal die Geschicke Afrikas, Amerikas und Europas miteinander verband. Nach der Ankunft der portugiesischen Seefahrer in Westafrika Ende des 15. Jahrhunderts und den darauffolgenden Handelsstationen setzte der atlantische Sklavenhandel ein.

Sklaven und Sklavenhandel hat es in der Geschichte der Menschheit immer gegeben. Weite Verbreitung fand die Sklaverei bereits in der Antike in Mesopotamien, Ägypten und Palästina. Sklaven gab es im antiken Griechenland, der Wiege der Demokratie, und im Alten Rom. Auch in vielen außereuropäischen Kulturen war Sklaverei verbreitet, etwa bei den Azteken, den nordamerikanischen Indianern und in vielen Teilen Asiens. Auch in Afrika war die Sklaverei schon lange Alltag. Unfreie arbeiteten in wohlhabenden Clans als Köche oder Konkubinen. Zwangsarbeiter plagten sich auf den Salzfeldern der Sahara ab und in den Goldminen im Sudan.

Und die islamischen Eroberer in Afrika griffen den Sklaven-handel, wo sie ihn vorfanden, auf, und führten ihn fort. Aber der transatlantische Menschenhandel ab dem 16. Jahrhundert hatte eine ganz neue Dimension. Während der 366 Jahre, in der er bestand, wurden mindestens 12,5 Millionen Afrikaner aus ihrer Heimat in die »Neue Welt« deportiert, neben dem Holocaust im 20. Jahrhundert eines der größten Verbrechen in der Geschichte der Menschheit.[18]

Das Hauptmotiv der Akteure der europäischen Sklaven-händlerstaaten war nicht unbedingt Hass, sondern Gier. Sie benötigten billige Arbeitskräfte für ihre neuen Kolonien in Amerika – zur Ausbeutung der Gold-, Silber- und Kupfermi-nen und zur Bestellung der Plantagen, auf denen sie Tabak, Kaffee, Indigo, Baumwolle oder Zuckerrohr anbauten. Nach-dem die einheimische Bevölkerung in Kriegen und durch eingeschleppte Krankheiten eliminiert worden war, herrschte dort ein schier unersättlicher Bedarf nach Arbeitskräften.

Schwarzafrikaner wurden in Sub-Sahara-Afrika von arabi-schen und afrikanischen Händlern verschleppt und verkauft, mit Schiffen von Afrika auf den amerikanischen Kontinent und in die Karibik transportiert und dort weiterverkauft. 1518 vergab Kaiser Karl V. die erste Lizenz zur Einfuhr von Sklaven aus dem subsaharischen Afrika. Anfangs besaß Por-tugal das Monopol auf den atlantischen Sklavenhandel. Spä-ter waren es die Spanier, die den Menschenhandel als Staats-monopol betrieben und ihre Rechte daran an andere Länder und private Händler verkauften. Die Sklavenschiffe segelten unter portugiesischer, spanischer, niederländischer, englischer, französischer, dänischer, schwedischer und brandenburgi-scher Flagge. Schätzungen zufolge starben bis zu 15 Prozent der verschleppten Afrikaner bereits auf der beschwerlichen, bis zu zwei Monate dauernden Überfahrt nach Amerika, zu Hunderten an Deck der Sklavensegler angekettet oder im stinkenden Laderaum eingepfercht. Diejenigen, die ihr Ziel erreichten, arbeiteten für den Rest ihres Lebens, meist unter menschenunwürdigen Bedingungen, als Unfreie. Und das gleiche Schicksal erwartete ihre Kinder und Kindeskinder.

Die exotischen Waren, die mithilfe der Sklaven gewonnen und geerntet wurden, wurden anschließend nach Europa verschifft. Auf den europäischen Handelsschiffen war es üblich, dass deren Kapitäne und Offiziere Sklaven »zum eigenen Gebrauch« als Kajütenjungen mit sich führten. Ost- und Westindienfahrer brachten von ihren Fahrten »Mohren« nach Hause mit, die fortan in ihrem Dienst standen. Daran erinnert bis heute das Fest vom »Sinterklaas«, das in den Niederlanden, Belgien und Friesland am 6. Dezember gefeiert wird. Dort erscheint der heilige Nikolaus – auch er ein Patron der Reisenden und Kaufleute – in Bischofskleidung, mit rotem Rauchmantel und Bischofsstab und in Begleitung eines schwarzen Jungen, des »Zwarte Piet« (»schwarzer Peter«). Wie anderswo Knecht Rupprecht oder Krampus obliegt es ihm, die Kinder zu bestrafen, die nicht brav gewesen sind. Später entstand an einigen Orten aus dem einzelnen Helfer eine Gruppe von »Zwarte Pieten«, die dem Sinterklaas zur Seite stehen, sie alle mit braun oder schwarz geschminkten Gesichtern. Auch dieser Brauch ist aufgrund des sogenannten *Blackfacing* in Verruf geraten. In Den Haag, Groningen, Eindhoven und Rotterdam ist für und gegen den Zwarte Piet demonstriert worden. Sogar der Hohe Kommissar der Vereinten Nationen für Menschenrechte hat sich des

Falles angenommen. Gleichwohl wollen Umfragen zufolge über 90 Prozent der Niederländer ihren Zwarte Piet behalten, das Fest vom Sinterklaas gilt vielen als bedeutsamer als das Weihnachtsfest.

Die Schwarzen, die nun entweder auf dem direkten Seeweg von den westafrikanischen »Sklavenküsten« oder von Amerika seit dem 17. Jahrhundert in größerer Zahl die europäischen Hafenstädte erreichten, sahen anders aus als »Mohren«, die auf dem vorher üblichen Weg quer durch die Sahara, über das Mittelmeer und die Alpen nach Mitteleuropa kamen. Letztere, meist aus Nordafrika, waren orientalisch und oft islamisch geprägt. Die Neuankömmlinge, die über den Atlantik nach Europa gelangten, stammten von der Guineaküste oder aus dem Kongo – oder es handelte sich um Afroamerikaner, die bereits in Amerika geboren waren. Die schauerlichen Nachrichten über die Schwarzen aus Westafrika, die sich seit Beginn des 16. Jahrhunderts in Europa verbreiteten, prägten die Ansichten über sie. Sie seien »weder Christen, Juden noch Mahometaner«, schrieb Sebastian Münster in seiner höchst populären *Cosmographei*, und beteten stattdessen die Sonne oder das Feuer an. Sie seien »barbarisch«, »unflätig«, »grob« und »unverständig«, »ohne einige Regierung«, und die meisten kaum in der Lage, das Feld zu bestellen. Zu allem Überfluss wurden sie auch noch des Kannibalismus verdächtigt.[19] Im Unterschied zu den »Mohren« – deren Bezeichnung sich vom Begriff »Mauren« (spanisch: *moros*) ableitet, also den Berberstämmen in Nordafrika, die von den Arabern islamisiert wurden – wurde ihnen jede eigene Kulturleistung abgesprochen. Von »Mohren« war mit der Zeit immer weniger die Rede; an dessen Stelle trat, abgeleitet von der spanischen Form

37

*negro*, die Bezeichnung »Neger«, die sich im 18. Jahrhundert in Deutschland allgemein durchsetzte. Nur auf dem Gebiet der Werbung hat sich – wohl aufgrund seiner orientalischen Anmutung – der »Mohr« erhalten, man denke etwa an den »Sarotti-Mohr«, die bis Ende des 20. Jahrhunderts populäre Werbefigur der bekannten Berliner Schokoladenmarke.

Die Art und Weise, mit der man den Schwarzen von nun an begegnete, hatte kaum mehr etwas mit der Hochachtung zu tun, die man dem heiligen Mauritius oder der Königin von Saba entgegengebracht hatte. Dies bekam auch der Gesandte von der westafrikanischen »Goldküste«, dem heutigen Ghana, zu spüren, der im September 1684 beim Großen Kurfürsten Friedrich Wilhelm von Brandenburg in Berlin vorsprach. Der Abgesandte, der in den Akten unter dem Namen »Jan Jancke« auftauchte (seinen richtigen afrikanischen Namen festzuhalten hielt man nicht für nötig), vertrat sechsundachtzig Herrscher in seiner Heimat, die beim Großen Kurfürsten um Schutz ersuchten gegen die in ihrem Herrschaftsgebiet dominierenden Niederländer. Die Niederlande mit ihrer gewaltigen Schiffsflotte machte Milliardengewinne mit Gold, Elfenbein und Gewürzen. Von diesem Geschäft wollte auch das zur europäischen Großmacht aufstrebende Brandenburg-Preußen sich eine Scheibe abschneiden. Ein paar Jahre zuvor war es einem Brandenburger Kapitän gelungen, einigen lokalen Herrschern an der Goldküste ein Abkommen aufzunötigen, in dem die kurfürstliche Oberhoheit über ihre Gebiete anerkannt wurde. Am 1. Januar 1693 wurde auf einer Anhöhe über dem Meer mit Pauken, Schalmeien und Salutschüssen die Flagge des Kurfürsten gehisst und der Grundstein für die »Feste Großfriedrichsburg« gelegt. Es war, wenn man so will, der Auftakt zur deutschen

Kolonialgeschichte. Der afrikanische »Jan Jancke« in Berlin wiederum wurde vom Großen Kurfürsten recht kühl abgefertigt. Er erhielt zwar einen Schutzbrief und reiste mit einigen Geschenken in seine Heimat zurück, doch die bei Staatsbesuchen üblichen Bankette und Empfänge gab es für ihn nicht.

Die von der »Feste Großfriedrichsburg« und den beiden weiteren Befestigungen »Dorotheenschanze« und »Schanze Sophie Louise« aus befehligte brandenburgisch-preußische Kolonie umfasste einen rund dreißig Kilometer langen Küstenstreifen am Kap der drei Spitzen im heutigen Princes Town. Von dort aus wurden von den Preußen zwischen 20.000 und 30.000 Afrikaner nach Amerika verschifft. Gleichwohl war das koloniale Abenteuer Brandenburg-Preußens in Westafrika ein Verlustgeschäft. Der Machtbereich blieb auf das unmittelbare Küstengebiet beschränkt. Versuche, ins Innere des Landes vorzudringen, scheiterten. Außerdem waren die Niederlassungen andauernden Übergriffen der Holländer und feindlich gesinnter afrikanischer Stämme ausgesetzt. Im Jahr 1717 verkaufte der Soldatenkönig Friedrich Wilhelm I. die Besitzungen in Westafrika für 7200 Dukaten und »zwölf Mohren« an die Niederlande.[20] Es sollten dann 150 Jahre vergehen, bis die Deutschen an dieses koloniale Vorspiel wiederanknüpften und sich zur Kolonialmacht aufschwangen.

Gegen Ende des 17. Jahrhunderts tauchen die Wörter »schwarz« und »weiß« zur Kennzeichnung der den Afrikanern und Europäern eigenen Hautfarbe auf. Als *Whites*, »Weiße«, bezeichneten sich zunächst die europäischen Siedler in den englischen Kolonien Nordamerikas. Und dies strahlte bald darauf auch auf den europäischen Kontinent aus. Während ihres Aufenthalts am Hof von Hannover im Herbst 1716 bemerkte die vielgereiste englische Lady Mary Wortly Montagu: »Hier haben buchstäblich alle Frauen rosige Wangen, eine schneeweiße Stirn und ebensolchen Busen, strahlende Augenbrauen und scharlachrote Lippen … Diese Vollkommenheit verlässt sie nie bis zur Stunde ihres Todes, was eine sehr schöne Wirkung bei Kerzenlicht hat.«[21] Die Pflege eines möglichst lilienweißen Teints kam bei den Damen an europäischen Fürstenhöfen im Verlauf des 17. Jahrhundert in Mode. Wer eine dunklere, von der Sonne gebräunte Haut zur Schau stellte, setzte sich dem schnöden Verdacht aus, seine Zeit mit körperlicher Arbeit zu verbringen, was dem Adel ganz und gar nicht zu Gesicht stand. Weißpudern und -schminken wurde zur Mode, aber auch Hausmittel wie Aderlässe oder das Schlucken von Sand und Asche sollten dabei helfen, die Haut so makellos weiß wie möglich zu erhalten. Ob einer arbeitete oder sich dem Müßiggang hingab, dies wurde nun auch durch die Farbe der Haut bestimmt – nicht nur in den Kolonien im fernen Afrika und Amerika, sondern auch in Europa.

Davon erzählen auch die volkstümlichen Märchen. »So weiß wie Schnee, so rot wie Blut, und so schwarzhaarig wie Ebenholz« ist die Tochter der bei der Geburt verstorbenen Königin, sodass sie von allen »Schneewittchen« (Schneeweißchen) genannt wird. Und die neue Königin war so voller Zorn und Neid auf die makellose Schönheit ihrer siebenjährigen Stieftochter, dass sie ihrem Jäger befahl, das Kind in den wilden Wald zu führen und zu töten und ihr zum Beweis »Lung und Leber« Schneewittchens zu präsentieren.

Noch markanter stach an den Höfen die lilienweiße Haut der adligen Damen und Herren hervor, wenn man sich mit einem schwarzen Pagen umgab. Gegenüber den Händlern und

Agenten, welche die Schwarzen für kostspielige Summen an die europäischen Fürstenhöfe lieferten, wurde verschiedentlich der Wunsch geäußert, die zu beschaffenden Afrikaner sollten »so schwarz wie möglich« sein. Die Hofmaler setzten den Schwarz-Weiß-Gegensatz von Lakai und Herrschaft effektvoll in Szene, wie es zahlreiche Gemälde aus dieser Zeit bezeugen. Auf den typischen Bildern sieht man die »Kammermohren« an der Seite ihrer fürstlichen Besitzer in kostbaren roten, gelben oder blauen Livreen. Sie tragen Turbane mit Federn, goldene Ohrgehänge, bisweilen auch silberne Ringe um den Hals und einen Prunkdegen an der Seite. Sie beschirmen ihre Herrschaften mit Baldachinen, tragen ihnen die Schleppe oder halten für sie einen bunten Papagei auf ihrer beringten Hand. Sie haben ihre Auftritte im Hoftheater, bei Kostümfesten und Paraden wie etwa den verschwenderischen Umzügen, die August von Sachsen regelmäßig in Dresden abhielt. Auf den Prachtzügen, die der Kurfürst zur Fasnacht 1609 veranstaltete, war ein Prunkwagen zu sehen, der von zwei Elefanten gezogen wurde. Auf dem Wagen erhob sich ein Afrikaner-Häuptling in Kriegermontur, umringt von acht Saiteninstrumente spielenden Schwarzen und vier Schimpansen mit Spiegeln in den Händen. Hinterdrein zog ein »Mohrenkönig«, mit goldener Krone und Zepter auf dem Thronsessel, der von schwarzen Kriegern auf den Schultern getragen wurde. Berittene afrikanische Trompeter, Knappen mit Lanzen, Spießen und Schilden und gefesselte Sklaven säumten den Zug. [22]

Die Aufgaben der »Mohren« an den Fürstenhöfen beschränkten sich nicht nur auf die von Pagen und Lakaien. Afrikanische Sklaven arbeiteten als Gärtner, Köche und Stallknechte. Die Infantin Katharina von Kastilien, Gemahlin

König Johanns III. von Portugal, hatte nicht nur mehrere afrikanische Dienstmädchen; an ihrem Hof gab es auch Afrikanerinnen, die als Apothekerinnen Gewürze und Medizin für die königliche Familie zubereiteten. Friedrich II., Landgraf von Hessen-Kassel, unterhielt bis zu seinem Tod 1785 auf der Wilhelmshöhe eine »Negercolonie«. Die dort arbeitenden »Mohrinnen«, in phantastische Gewänder gehüllt, hatten die Aufgabe, Milch, Butter und Käse für die Hoftafel zu liefern. Aber in erster Linie dienten sie als exotische Schaustücke für die herrschaftlichen Schäferspiele, die der Landgraf in der pittoresken Gartenlandschaft seines chinesischen Dorfes namens Mou-Lang veranstaltete. Sie müssen sich dort wie die Tiere in einem Zoo gefühlt haben.[23]

Eine große Anzahl der »Mohren« an den Fürstenhöfen wurden zu einer musikalischen Ausbildung herangezogen und Teil der Hofkapelle. Sie wurden dort insbesondere als Bläser und Schlagzeuger eingesetzt, an der Trompete, der Oboe, der Pauke, dem Becken und dem Schellenbaum. Auch für die fürstlichen Militärkapellen waren schwarze Musiker gefragt. Friedrich Wilhelm I. von Preußen, der »Soldatenkönig«, hielt sich ein Musikkorps, das ausschließlich aus schwarzen Heeresmusikern bestand, dreißig an der Zahl. Zu diesem Zweck wurde in Potsdam eine eigene »Hoboistenschule« gegründet. Zu einiger Berühmtheit über Preußen hinaus gelangte das fünfzehnköpfige Querpfeiferkorps des königlichen Leibregiments, das ausschließlich aus Schwarzen bestand. Der »Soldatenkönig« legte ebenso wie bei den Grenadieren seines Leibregiments, den »Langen Kerls«, besonderen Wert darauf, dass die schwarzen Musiker groß und stattlich waren. Sie hatten die gleiche Uniform wie die übrigen

Musiker, nur trugen sie Turbane statt des üblichen Huts, dazu silberne Ohrgehänge und einen Ring um den Hals. Die preußischen »Janitscharen« wurden zum Vorbild für zahlreiche Musikkorps an deutschen Höfen: Ein jeder Fürst, der etwas auf sich hielt – und es sich leisten konnte –, wollte bald ein schwarzes Musikkorps für seine Soldaten. Der Name »Mohrenstraße« in Berlin-Mitte, über deren Bezeichnung gegenwärtig viel diskutiert wird, geht auf den Ort zurück, an dem die »Janitscharen« einst kaserniert waren.

Es kam aber auch vor, dass afrikanische Sklaven bei Hofe eine hohe Stellung einnehmen konnten. Ihr Stand unterschied sich dann kaum mehr von denen europäischer Diener. Drei Beispiele dafür, welchen Aufstieg »Kammermohren« im Einzelfall nehmen konnten, seien hier genannt:

Abraham Petrowitsch Hannibal kam Anfang des 18. Jahrhunderts als neunjähriger Junge nach St. Petersburg an den Hof Peters des Großen. Sein Geburtsort wird im Landstrich Logon-Chewan in Nord-Äthiopien oder in der Stadt Logone nahe dem Tschadsee vermutet. Er wurde gefangen genommen und nach Konstantinopel verschleppt. Der dortige russische Gesandte, der »auf der Suche nach einem Mohrenknaben mit guten Fähigkeiten« für seinen Herrn war, kaufte ihn aus einem Harem heraus. Bevor man ihn dem Zaren übergab, wurde er 1707 getauft, die Königin von Polen und der Zar persönlich fungierten als Taufpaten. Peter der Große war von dem Jungen von Beginn an angetan. Er ließ seinem »Kammermohren« eine umfassende schulische Ausbildung zuteilwerden. Hannibal schlief in unmittelbarer Nähe des Herrschers in der Drechslerwerkstatt.

1716 nahm der Zar ihn auf seine Reise nach Westeuropa

mit und übergab ihn in Paris in die Obhut des Herzogs von Orléans, des damaligen Regenten Frankreichs. Hannibal begann an der französischen École Militaire ein Studium der Militärwissenschaften, das er als Artillerieoffizier abschloss. Er nahm am Spanischen Erbfolgekrieg teil, wo er schwer verwundet und zeitweilig gefangen genommen wurde. 1723 kehrte er nach Russland zurück, mit einer 400 Bände umfassenden Bibliothek im Gepäck.

Es folgte eine beispiellose Karriere. Unter der Regierung der Zarinnen Elisabeth I. und Katharina II. wurde Hannibal Gouverneur von Reval, wo ihm die Leitung des Neubaus der Festungswerke oblag. Später stieg er zum Generalmajor und Generalingenieur auf. In Reval heiratete er die deutsch-schwedische Hauptmannstochter Christina Regina von Sjöberg. Sie hatten zehn gemeinsame Kinder. 1781 starb Hannibal im hohen Alter von über achtzig Jahren in seinem Landhaus bei St. Petersburg. Der Schriftsteller Alexander Puschkin ist der Urenkel Hannibals, er setzte seinem Urgroßvater mit dem Roman *Der Mohr Peters des Großen* ein Denkmal.[24]

Fast zur gleichen Zeit wie Hannibal wurde Anton Wilhelm Amo geboren. Er stammt aus einem Dorf bei Axim im heutigen Ghana. Als Kind wurde er von Sklavenjägern geraubt und kam über Amsterdam als »Geschenk« der Niederländischen Westindien-Kompanie an den Hof Herzog Anton Ulrichs von Braunschweig-Wolfenbüttel. 1708 wurde er in der Schlosskapelle zu Salzdahlum evangelisch getauft und nach dem Sohn des Herzogs Anton Wilhelm genannt. Als »Kammermohr« erhielt er ähnlich wie Hannibal in St. Petersburg eine umfassende Ausbildung und lernte, neben Deutsch, die Sprachen Französisch, Griechisch, Hebräisch und Latein.

Ermöglicht durch die finanzielle Förderung des Herzogs, studierte Amo ab 1727 an der Universität Halle Philosophie. 1729 bestritt er an der dortigen juristischen Fakultät eine Disputation mit dem Titel *De iure Maurorum in Europa* (»Über die Rechtsstellung der Mohren in Europa«), die leider nicht überliefert ist. 1730 immatrikulierte sich Amo an der Universität Wittenberg, wo er noch im selben Jahr den Magister der Philosophie und der Freien Künste erwarb. Vier Jahre später wurde er dort mit einer philosophischen Studie zum Leib-Seele-Problem als *Magister legens* promoviert. Damit war er ordentlicher Hochschullehrer. Seit dieser Zeit verwendete er demonstrativ als Zusatz zu seinem Nachnamen die Herkunftsbezeichnung »Guinea-Afer«, die er auch auf die Titelblätter seiner veröffentlichten Schriften drucken ließ. Zwei Jahre später ging er zurück an die Universität Halle, wo er sich 1738 mit der philosophischen Schrift *Tractatus de arte sobrie et accurate philosophandi* (»Traktat über die Kunst, nüchtern und sorgfältig zu philosophieren«) habilitierte.

Anton Wilhelm Amo – der erste Philosoph afrikanischer Herkunft in Deutschland – war hoch angesehen, aber auch Anfeindungen ausgesetzt. In anonymen Spottgedichten wurde er als »Waldmensch und Urwaldbewohner« verunglimpft. Durch den Tod seines Mentors Herzog August Wilhelm, dem Sohn und Nachfolger Anton Ulrichs, verlor Amo die finanzielle Unterstützung. Eine gesicherte Stellung bei Hofe wurde ihm verwehrt; der Plan, zu heiraten und eine Familie zu gründen, scheiterte. Seine prekäre Finanzlage und seine zunehmende gesellschaftliche Isolation führten dazu, dass Amo sich 1747 entschloss, Deutschland zu verlassen und nach Ghana zurückzukehren. Dort soll er – dem Zeugnis des schweizerischen Schiffsarztes David Henrij Gallandat zufolge – in der Nähe von Axim als Eremit gelebt haben; unter den Seinen habe er den »Ruf eines Wahrsagers« gehabt.[25]

Ein besonderes Schicksal wurde dem »Kammermohren« Angelo Soliman zuteil. Über seine Herkunft gibt es verschiedene Vermutungen. Wahrscheinlich wurde er um 1721 im westafrikanischen Savannenstaat Kanem-Bornu geboren. Im Alter von acht Jahren wurde er von Sklavenhändlern geraubt und nach Nordafrika gebracht. Von da aus gelangte er mit einem Schiff nach Messina. Hier wurde er von einer »Marchesa«, einer Gräfin, gekauft und zum Bediensteten genommen. Die namentlich nicht bekannte Marchesa sorgte auch für seine Erziehung. Nach einer ernsten Krankheit, während deren ihn eine Sklavin namens Angelina gepflegt hatte, soll er beschlossen haben, sich Angelo zu nennen. 1734 wurde er Leibdiener des Militärgouverneurs von Messina, des Fürsten Georg Christian von Lobkowitz, der ihn nach Böhmen brachte. Der junge Sklave begleitete seinen Herren auf verschiedenen militärischen Kampagnen. Einmal soll Soliman dem Fürsten auf dem Schlachtfeld das Leben gerettet haben.

Ab 1754 wurde der ehemalige Sklave als »Fürstlicher Mohr« in den Rechnungsbüchern des Fürsten Joseph Wenzel von Liechtenstein geführt, in diesem Jahr siedelte er auch nach Wien über. Soliman wurde fürstlich liechtensteinischer »Hofmohr« und Gesellschafter von Kaiser Joseph II., mit dem er spazieren ging und Schach spielte. 1773 bestimmte der neue Fürst, Franz Josef von Liechtenstein, Soliman zum Erzieher des vierzehnjährigen Erbprinzen Alois. Angelo Soliman verkehrte in den höchsten gesellschaftlichen Kreisen und brachte es zum Vizezeremonienmeister der Freimaurerloge »Zur wahren Eintracht«, der auch Mozart angehörte. 1768 heiratete er die Witwe Magdalena Christiani, geborene von Kellermann, mit der er eine Tochter hatte. Nach seiner Pensionierung lebte er als angesehener Pensionär in einem eigenen Haus in der Wiener Vorstadt.

Umso erschütternder ist das Schicksal, das Angelo Soliman nach seinem Tode widerfuhr und seine Lebensgeschichte überschattete. Nachdem er 1796 im 75. Lebensjahr gestorben war, wurde sein Körper – wahrscheinlich auf direkte Veranlassung Kaisers Franz II. – seziert, es wurde ihm die Haut über die Ohren abgezogen, und er wurde wie ein Tier ausgestopft. Das Präparat wurde im k. u. k. Naturalienkabinett ausgestellt, zusammen mit exotischen Tieren und zwei anderen Körpern von Afrikanern. Soliman war dort auch nicht in seiner üblichen Kleidung als »fürstlicher Mohr« zu sehen, sondern halbnackt, ausstaffiert mit Lendenschurz, Federkrone und Muschelketten. Der Mohr hatte seine Schuldigkeit getan, nun war er wieder ein »Wilder«, fernab jeglicher Zivilisation.

Solimans Tochter protestierte gegen die Ausstellung ihres verstorbenen Vaters als Kuriosität und bemühte sich um die Rückgabe und christliche Bestattung der Leichenteile – ohne Erfolg. Zehn Jahre lang wurde Soliman so als Schaustück präsentiert, bis 1806 die menschlichen Präparate im Museumsdepot auf dem Dachboden der Hofburg abgestellt wurden. Neugierige Besucher konnten die mumifizierte Körperhülle des einstigen »Hofmohren« dort gegen ein diskretes Trinkgeld weiterhin besichtigen – bis diese schließlich während des Wiener Oktoberaufstands im Jahr 1848 bei einem Brand vernichtet wurde.[26]

Kapitel 3

# »Alles muß bei ihnen
# nach Kuhmist riechen«

*Zwischen Mensch und Tier*

Im k.u.k. Hof-Naturalienkabinett in Wien waren Anfang des 19. Jahrhunderts neben Angelo Soliman noch weitere menschliche Exemplare zu bestaunen: Ein ausgestopftes sechsjähriges »Negermädchen«, aufgestellt in einem grün lackierten Schrank, ein Geschenk der Königin Marie Caroline von Neapel an Kaiser Franz II. Der »Neger« Joseph Hammer, zu Lebzeiten Gärtnergehilfe bei Hofe, dessen »Haut in wahrhaft künstlerischer Weise über Holz gespannt« war. Schließlich der »Mulatte« Pietro Michaele Angiola, der in der k.u.k. Menagerie in Schönbrunn als Tierwärter angestellt war. Hoch zu Ross empfing er im großen Saal im Erdgeschoss die eintretenden Besucher mit einer Lanze in den Händen.[27] Sie alle waren Teil der kaiserlichen Sammlung von »Repräsentanten des Menschengeschlechts«.

Bis weit ins 17. Jahrhundert war die Botschaft der christlichen Theologie unangefochten: Der Mensch war von Gott geschaffen, alle Menschen auf Erden stammten von dem einen Adam und der einen Eva ab. Als Kinder Gottes waren Weiße und Schwarze gleich – auch Letztere konnten, wenn sie es noch nicht waren, Christen werden. Die Kolonisatoren in Afrika und Amerika machten sich aber auch darüber Gedanken, wie die Praxis der Versklavung von Millionen von Menschen mit der christlichen Lehre in Übereinstimmung zu bringen sei. Ließ sie sich nicht vielleicht gar durch die Bibel rechtfertigen? Dabei kam ihnen die Geschichte von Noahs Fluch über Ham zupass. Der Genesis zufolge strafte Noah, nachdem sein jüngster Sohn Ham ihn nackt schlafend gesehen hatte, ihn und dessen Sohn Kanaan mit einem Fluch: »Verflucht sei Kanaan. Der niedrigste Knecht soll er seinen Brüdern sein.« (1 Mose 9, 25 f.). Nirgendwo in der Bibel gibt es einen Hinweis darauf, dass Ham eine andere Hautfarbe als seine Brüder Sem und Jafet hatte. In der Zeit der Kolonisation Afrikas wurde Ham jedoch erstmals schwarz dargestellt. Er wurde zum Stammvater der Afrikaner. Die moralische Rechtfertigung ihrer Versklavung konnte somit aus dem biblischen Fluch Noahs abgeleitet werden.[28]

Mit dem Schwinden der Autorität der Kirche geriet allmählich aber auch die unangefochtene Stellung des Menschen ins Wanken. Im Zeitalter der Aufklärung wurde die Schöpfung – die sich mit den Entdeckungen in der Neuen Welt auf einmal so irritierend vielfältig präsentierte – neu geordnet. Pflanzen, Tiere und Menschen wurden nach äußerlichen Merkmalen wissenschaftlich sortiert, und dies blieb auch für die Sicht der Europäer auf die Afrikaner nicht ohne Auswirkungen. Schwarz und schön – das gehörte der Vergangenheit an. »Vom Wendekreis des Krebses bis zu dem des Steinbocks hat Afrika nur schwarze Bewohner«, heißt es in der französischen *Encyclopédie* von d'Alembert und Diderot – der »Bibel der Aufklärung« – unter dem Stichwort »Neger«. Und weiter: »Aber nicht allein ihre Farbe zeichnet sie aus, sie unterscheiden sich von den anderen Menschen auch durch ihre Gesichtszüge; mit ihren breiten & platten Nasen, ihren dicken Lippen & der Wolle anstelle von Haaren scheinen sie eine neue Menschenart zu bilden.«[29]

Der französische Arzt François Bernier war der Erste, der das Wort »Rasse« auf den Menschen bezog. Die Erde müsse nicht nur in geographische Regionen, sondern auch nach Rassen von Menschen unterschieden werden, schrieb der Gelehrte, der selbst Ägypten, Arabien, Äthiopien und Indien bereist hatte, im Jahre 1684. Weit verbreitet wurde die Klassifikation von »Menschenrassen« Mitte des 18. Jahrhunderts durch den schwedischen Naturforscher Carl von Linné, der in seinem einflussreichen *Systema Naturae* vier Kategorien von Menschen anhand ihrer Hautfarbe unterschied. Der Unterschied der Hautfarbe zwischen Europäern und Afrikanern lag auf der Hand; im Hinblick auf Asiaten und Amerikaner war das schon schwieriger. Beide Gruppen wurden von den Europäern lange Zeit als hellhäutig wahrgenommen. Linné ordnete den nach Farbe unterschiedenen »Rassen« aber verschiedene Körperhaltungen und Temperamente zu. Die »weißen« Europäer (*Europaeus*) seien sanguinisch und muskulös (*sanguineus, torosus*), die »roten« Amerikaner (*Americanus*) cholerisch und aufrecht (*cholericus, rectus*), die »gelben« Asiaten (*Asiaticus*) melancholisch und steif (*melancholicus, rigidus*), die »schwarzen« Afrikaner dagegen phlegmatisch und schlaff (*phlegmaticus, laxus*).[30]

Um derlei Unterschiede dingfest zu machen, galt es, Embryos, Skelette, Schädel, Haare, Genitalien, Nerven, Haut und Blut der verschiedenen »Menschenrassen« in Augenschein zu nehmen. So begannen die europäischen Gelehrten »Mohrenpräparate« und »Negerschädel« zu horten, um sie zu vermessen und zu anatomieren. Durch derlei Studien kam der Göttinger Anatom und Naturforscher Johann Friedrich Blumenbach – er gilt heute als Begründer der wissenschaftlichen Anthropologie – zu dem Schluss, dass es fünf »Menschenrassen« gebe, die »caucasische Rasse« der Europäer (von »weißer Farbe mit rothen Wangen«), die »mongolische Rasse« (»meist waizengelb, theils wie gekochte Quitten oder wie getrocknete Citronenschale«), die »äthiopische« (»mehr oder weniger schwarz«), die »americanische« (»lohfarb oder zimmtbraun, theils wie Eisenrost oder angelaufenes Kupfer«) und schließlich die »malayische Rasse« (»braun, einerseits bis ins helle Mahagoni, anderseits bis ins dunkelste Nelken- und Castanienbraun«), die er in Südostasien, Polynesien und Australien lokalisierte. Neben der schwarzen Haut erkenne man die Vertreter der afrikanischen »Rasse« an »schwarzem, krausem Haar; vorwärts prominirenden Kiefern, wulstigen Lippen und stumpfer Nase«.[31]

Eine Hierarchisierung der verschiedenen »Menschenrassen« wollte Blumenbach damit nicht verbunden wissen, ihm zufolge ging es nur um ästhetische Merkmale. Aber dabei blieb es nicht. Blumenbachs Schüler Samuel Thomas Soemmerring, 1779 als Professor für Anatomie nach Kassel berufen, schuf sich dort ein ganzes »anatomisches Theater« mit menschlichen und tierischen Präparaten, in Zinnsärgen aufbewahrt und in Branntwein eingelegt. Dorthin wurden ihm auch die Leichen der »Kammermohren« der schon erwähnten »Negercolonie« des Landgrafs Friedrich II. von Hessen-Kassel auf der Wilhelmshöhe überstellt. Soemmering schreckte auch nicht davor zurück, die sezierten Afrikaner mit der Anatomie von Orang-Utans und Pavianen zu vergleichen, deren Kadaver er aus der fürstlichen Menagerie erhalten hatte. Er vermaß Tier- und Menschenschädel, und in seiner Abhandlung *Über die körperlichen Verschiedenheiten des Mohren vom Europäer* kam Soemmerring 1784 zu dem Schluss, dass »im allgemeinen, im Durchschnitt die afrikanischen Mohren doch etwas näher ans Affengeschlechte, als die Europäer gränzen«. Denn »das Gehirn im Neger sey kleiner als im Europäer«.[32]

Soemmerrings Schrift fand unter den Gelehrten seiner Zeit weite Verbreitung. Zu dessen Lesern gehörte auch Johann Wolfgang von Goethe in Weimar. Im März 1785 schrieb er Soemmerring einen Brief, in dem es heißt: »Ihre Abhandlung über die körperliche Verschiedenheit des Mohren vom Europäer habe ich mit Vergnügen gelesen.«[33] Längst beschäftigten die verschiedenen »Menschenrassen« nicht nur Ärzte und Anatomen; Gelehrte aller Couleur taten sich nun als selbsternannte Rassenkundler hervor. So auch der berühmteste deutsche Philosoph der Aufklärung, Immanuel Kant. Bekanntlich gelangte Kant zeit seines Lebens kaum über Königsberg hinaus, er war kein Freund des Reisens. Sein weitester Weg führte ihn einmal, im Herbst 1765, nach Goldap, ein paar Meilen vor der russischen Grenze. Das hielt ihn nicht davon ab, in seinen populären Vorlesungen zur Naturgeschichte über ferne Völker und Menschen zu berichten. Seine Kenntnisse darüber bezog Kant – wie die allermeisten Gelehrten seiner Zeit – aus historischen und zeitgenössischen Reiseberichten sowie anthropologischen und geographischen Schriften.

Der Philosoph aus Königsberg übernahm dabei die Einteilung der Menschheit in vier »Racen«. Zum einen die »hoch-blonde Race« im nördlichen Europa, »von feuchter Kälte«; zum zweiten die »kupferrothe Race«, beheimatet in Amerika, »von trockner Kälte«; zum dritten die »schwarze Race«, be-heimatet in »Senegambia«, »von feuchter Hitze«; schließlich die »olivengelbe Race«, die »Indianer«, »von trockner Hitze«. Alle vier dieser Menschenrassen stammen Kant zufolge von der »Stammgattung« der Weißen ab.[34] Die Ausprägung der verschiedenen »Rassen« erklärte Kant mit den verschiedenen klimatischen Bedingungen in den unterschiedlichen Welt-teilen. Die »feuchte Hitze Afrikas« fördere das Wachstum »der schwammichten Theile des Körpers«: »Daher eine dicke Stülpnase und Wurstlippen«.[35] Auch für die Schwärze der Haut machte Kant die Hitze verantwortlich, denn die Afri-kaner seien gar nicht ursprünglich schwarz: »Die Neger wer-den weiß gebohren außer ihren Zeugungsgliedern und einem Ringe um den Nabel, die schwarz sind. Von diesen Theilen aus zieht sich die Schwärze im ersten Monate über den gan-zen Körper.«[36]

Trotz ihrer gemeinsamen Abstammung gebe es Kant zu-folge zwischen den »Menschenrassen« eine eindeutige Hier-archie: »Die Menschheit ist in ihrer größten Vollkommenheit in der Race der Weißen. Die gelben Indianer haben schon ein geringeres Talent. Die Neger sind weit tiefer und am tiefsten steht ein Theil der amerikanischen Völkerschaften.«[37] Und weiter: »Überhaupt befinden sich die Nationen der südlichen Hemisphäre auf der niedrigsten Stufe der Menschheit, und sie haben an nichts weiter ein Interesse als an dem sinnlichen Genusse.«[38] An anderer Stelle schrieb Kant, die »Neger« seien »lebhaft, voller Affect und Leidenschaft. Schwatzhaft, eitel,

53

dem Vergnügen ergeben. Nehmen die Cultur der Knechte an, aber nicht der freyen, und sind unfahig sich selbst zu führen, Kinder.«[39]

Bei seiner »Rassen«-Anthropologie stützte sich Kant auf einen Gedanken von Montesquieu, demzufolge das Klima Temperament und Charakter der Menschen bestimme: »Kalte Luft strafft, warme Luft erschlafft«, so die Devise. Die »vornehmsten Menschen« seien folglich im gemäßigten Klima beheimatet: »Der Einwohner des gemäßigten Erdstriches, vornehmlich des mittleren Theiles desselben ist schöner an Körper, arbeitsamer, scherzhafter, gemäßigter in seinen Leidenschaften, verständiger als irgendeine andere Gattung der Menschen in der Welt. Daher haben diese Völker zu allen Zeiten die anderen belehrt und durch die Waffen bezwungen.«[40]

Die Überlegenheit der »weißen Rasse« stand für Kant mithin ganz außer Zweifel. In einer frühen Schrift, den *Beobachtungen über das Gefühl des Schönen und Erhabenen* von 1764, berief sich Kant auf den schottischen Philosophen und Historiker David Hume: »Die *Negers* von Afrika haben von der Natur kein Gefühl, welches über das Läppische stiege. Herr *Hume* fordert jedermann auf, ein einziges Beispiel anzuführen, da ein Neger Talente gewiesen habe, und behauptet: daß unter den hunderttausenden von Schwarzen, die aus ihren Ländern anderwärts verführt werden, obgleich deren sehr viele auch in Freiheit gesetzt werden, dennoch nicht ein einziger jemals gefunden worden, der entweder in Kunst oder Wissenschaft, oder irgend einer andern rühmlichen Eigenschaft etwas Großes vorgestellt habe, obgleich unter den Weißen sich beständig welche aus dem niedrigsten Pöbel empor schwingen und durch vorzügliche Gaben in der Welt ein

Ansehen erwerben. So wesentlich ist der Unterschied zwischen diesen zwei Menschengeschlechtern, und er scheint eben so groß in Ansehung der Gemüthsfähigkeiten, als der Farbe nach zu sein.«[41]

Damit war das ganze Sammelsurium von Vorwürfen und Stereotypen, mit denen sich Afrikaner bisweilen bis heute konfrontiert sehen, benannt: Sie seien heißblütig und affektgetrieben; sie seien auf einer frühen, kindlichen Entwicklungsstufe stehen geblieben; sie seien unfähig zu höherer Kultur, Kunst und Wissenschaft; und darüber hinaus unfähig, sich selber zu führen. Das müssten andere für sie übernehmen. Immer wieder kam Kant in seinen Vorlesungen und Aufsätzen auch auf den »starken und durch keine Reinlichkeit zu vermeidenden Geruch der Neger« zu sprechen. Er sei auf die Ausdünstung eines Stoffes namens »Phlogiston« zurückzuführen – einer chemischen Substanz, von der man im 18. Jahrhundert vermutete, dass sie Körpern bei Hitze entweiche.[42] Über die »Hottentotten« berichtete er: »Man riecht sie schon von weitem. Ihre neugebornen Kinder salben sie recht dick mit Kuhmist und legen sie so in die Sonne. Alles muß bei ihnen nach Kuhmist riechen.«[43]

Kommt man heute auf diese Äußerungen Kants zu sprechen, fühlt sich die akademische Zunft peinlich berührt. Viele kluge Leute haben sich darüber den Kopf zerbrochen, wie diese Äußerungen mit Kants universeller Ethik der Freiheit und Gleichheit in Einklang zu bringen seien.[44] »Kant – ein Rassist?« Unter dieser Überschrift veranstaltete die Berlin-Brandenburgische Akademie der Wissenschaften im Jahr 2000 gar eine interdisziplinäre Diskussionsreihe, an der sich mehr als ein Dutzend Wissenschaftlerinnen und Wissenschaftler beteiligten.[45] Der jamaikanische Philosoph Charles W. Mills forderte, Kants berühmten Kategorischen Imperativ »Handle so, dass du die Menschheit sowohl in deiner Person als in der Person eines jeden anderen jederzeit zugleich als Zweck, niemals bloß als Mittel brauchst« umzuschreiben in: »Handle so, dass du die weiße Rasse sowohl in deiner Person als in der Person eines jeden anderen Weißen jederzeit zugleich als Zweck, niemals bloß als Mittel brauchst. Mitglieder der anderen Rassen kannst du als bloße Objekte behandeln.«[46] Verteidiger des großen Philosophen verweisen darauf, dass Kant eben auch nur ein »Kind seiner Zeit« gewesen sei, den man nicht nach den Kategorien des 20. Jahrhunderts beurteilen dürfe. An der Existenz einer natürlichen Ordnung, in der sie selbst an der Spitze standen, glaubten damals doch die allermeisten Menschen in Europa. Zudem beträfen die Texte, in denen Kant seine »Rassentheorie« entworfen habe, nur einen marginalen Teil seines Werks und nicht dessen Kern.

Man hätte es aber auch zu Kants Zeiten schon besser wissen können. Johann Gottfried Herder etwa widersprach der Rassentheorie seines Kollegen entschieden: »Ich sehe keine Ursache dieser Benennung. Rasse leitet auf eine Verschiedenheit der Abstammung, die hier entweder gar nicht stattfindet, oder in jedem dieser Weltstriche unter jeder dieser Farben die verschiedensten Rassen begreift. Kurz: Weder vier oder fünf Rassen noch ausschließliche Varietäten gibt es auf der Erde. Die Farben verlieren sich ineinander … und im ganzen wird zuletzt alles bloß Schattierung eines und desselben großen Gemäldes, das sich durch alle Räume und Zeiten der Erde verbreitet.«[47] Der Naturforscher Georg Forster, der im Gegensatz zu dem Königsberger Philosophen tatsächlich etwas von der Welt gesehen hatte – er begleitete in den Jahren 1772 bis 1775 Captain Cook bei dessen zweiter Südsee-Expedition –, wischte die Rassentheorien Kants ironisch-lapidar beiseite: »Die meisten alten Eintheilungen der Menschengattung sind ohnedies schon längst verworfen«, schrieb er 1789, im Jahr der Französischen Revolution. »Noahs Söhne; die vier Weltheile; die vier Farben, weiß, schwarz, gelb, kupferroth, – wer denkt noch heut zu Tage an diese veralteten Moden?«[48]

Freiheit, Gleichheit, Brüderlichkeit: Die Erklärung der Menschen- und Bürgerrechte, die die französische Nationalversammlung am 26. August 1789 verabschiedete, sollte für alle Menschen gelten. Dem konnte sich auch Immanuel Kant anschließen. Die Sklaverei lehnte er – ebenso wie die französischen Enzyklopädisten und viele andere Aufklärer – ab. Die Französische Revolution, die Kant enthusiastisch begrüßte, sah er als ein »Geschichtszeichen«. 1791 erhoben sich die schwarzen Sklaven in der französischen Kolonie Saint-Domingue, dem heutigen Haiti, gegen ihre Herren. Im April 1792 erließ die französische Nationalversammlung ein Gesetz, das allen Bewohnern der französischen Kolonien die gleichen Rechte zubilligte. Die – vorübergehende – Abschaffung der Sklaverei in Frankreich und die erreichte Gleichbereichtigung der Schwarzen Haitis nahm Kant zum Anlass für seine Schrift *Zum ewigen Frieden*. Das »Weltbürgerrecht«, das er darin skizzierte, war für alle Menschen vorgesehen, unabhängig von ihrer Hautfarbe.

Gleichwohl: Die Einteilung der Menschen in »Weiße« und »Farbige«, mitsamt den damit verbundenen Stereotypen, war in der Welt. Im Jahr 1800 fand sie Eingang in das populäre

*Conversationslexikon,* den Vorläufer des *Brockhaus,* mit ausdrücklichem Verweis auf Immanuel Kant. »Wenn wir dem Urheber der kritischen Philosophie folgen«, heißt es dort, »so lassen sich gegenwärtig nur vier besondere Menschenracen annehmen: nehmlich die Race der Weißen, der gelben Indianer, der Neger, der kupferfarbig-rothen Amerikaner.«[49]

Andere große deutsche Philosophen trugen weiter, was Kant vorgezeichnet hatte. »In der Rohheit und Wildheit sehen wir den afrikanischen Menschen, solange wir ihn beobachten können«, erklärte Georg Wilhelm Friedrich Hegel in seinen *Vorlesungen über die Philosophie der Weltgeschichte,* »er ist noch jetzt so geblieben. Der Neger stellt den natürlichen Menschen in seiner ganzen Wildheit und Unbändigkeit dar; wenn wir ihn fassen wollen, müssen wir alle europäischen Vorstellungen fallen lassen.« Und weiter: »Es ist nichts an das Menschliche Anklingende in diesem Charakter zu finden. Eben darum können wir uns auch nicht recht in seine Natur hineinempfinden, sowenig wie in die eines Hundes.«[50] Und bei Arthur Schopenhauer kann man lesen: »Die geselligsten aller Menschen sollen die Neger sein, wie sie eben auch intellektuell entschieden zurückstehen: nach Berichten aus Nord-Amerika, in Französischen Zeitungen, sperren die Schwarzen, Freie und Sklaven durcheinander, in großer Anzahl, sich in den engsten Raum zusammen, weil sie ihr schwarzes Stumpfnasengesicht nicht oft genug wiederholt erblicken können.«[51]

Und immer wieder traten in Europa neue Experten auf den Plan, die den Schwarzen das Menschsein überhaupt absprachen – und sie irgendwo zwischen Mensch und Tier ansiedelten. Konnte es Zufall sein, dass der Gorilla in Afrika seine

Heimat hatte? Berichteten nicht zahlreiche Reisende auf dem »dunklen Kontinent« davon, dass sie im Innern Afrikas befremdliche »Affenmenschen« beobachtet hätten? War vielleicht der Afrikaner das *missing link*, die »fehlende Verbindung« zwischen Tier und Mensch in der großen Seinskette, die alles Leben auf der Welt miteinander verband? Die Vorstellung, dass in Afrika Menschen und Affen geschlechtlichen Umgang miteinander pflegten, hielt sich hartnäckig. Von hier aus war der Gedanke nicht weit, dass Gorillas und Schimpansen die Früchte dieser Verbindung seien. Aufgrund ihrer Kleinwüchsigkeit und ihrer vermeintlich »platten Nasen« gerieten die Pygmäen in Zentralafrika unter besonderen Verdacht, einer niederen Spezies Mensch anzugehören. Der englische Anthropologe Edward Tyson hielt sie zu Beginn des 18. Jahrhunderts für das *missing link* zwischen Affe und Mensch.

Sprichwörtlich für Menschen mit vermeintlich unterlegener Kultur und Mangel an intellektuellen Fähigkeiten wurden die Khoikhoi im heutigen Südafrika und Namibia von den Europäern abwertend »Hottentotten« genannt. Der Name wurde im 17. Jahrhundert von niederländischen Seefahrern für die Menschen im Süden Afrikas geprägt – aufgrund deren »klucksenden Ausprach, welche sich dem Klucksen der Welschen Hahnen [Truthähnen] gleichet«.[52] Johann Heinrich Zedler wusste 1735 in seinem *Grossen vollständigen Universal-Lexikon aller Wissenschafften und Künste* zu berichten, dass der Name des Volkes von dem Wort »Hottentot« abstamme, »welches diese Leute, wenn sie frölich sind, auszuruffen pflegen«. Die in den Sprachen der Khoisan, zu denen die Khoikhoi gehören, üblichen Klick- und Schnalzlaute waren für europäische Ohren höchst ungewohnt, und ebenso verhielt es sich mit ihrer Lebensweise. »Männer und Weiber wie auch Kinder gingen ganz nackt, nur daß ihrer etliche wegen der Winter-Kälte ein schmutziges und stinckendes Fell von einem See-Hund über die Schultern hangen hatten, womit sie kaum ihr Hinterquartier bedecken konten. Sie verbergten sich des Nachts hauffenweise in dem Gebüsch oder krochen wie das Vieh bey einander in Hölen und Gruften auf dem Felde.«[53] Die so fremdartigen »Hottentotten« stellten für die europäischen Reisenden und Gelehrten – bis hin zu Immanuel Kant – ein eigentümliches Faszinosum dar. Im Deutschen Reich gerieten sie dann als »Schutzbefohlene« in den Machtbereich des deutschen Kaisers. In der 1884 gegründeten Kolonie Deutsch-Südwestafrika auf dem Gebiet des heutigen Namibia wurden die Volksgruppen der Nama und Herero brutal unterdrückt. Während die Untaten des deutschen und europäischen Kolonialismus immer noch viel zu wenig bekannt sind, kennt heute noch jeder die Redensart »Wie bei den Hottentotten«, in der sich koloniale Überheblichkeit und Abwertung des Fremden gleichermaßen spiegeln.

Traurige Berühmtheit erlangte in Europa die Khoikhoi Sarah »Saartjie« Baartman, die 1810 von Kapstadt nach England verschifft wurde. Als »Hottentotten-Venus« wurde die junge Frau jahrelang, zunächst in London und dann in der englischen Provinz, öffentlich ausgestellt und vorgeführt. Mit ihren ausgeprägten Gesäßbacken und ihren angeblich lang herabhängenden Schamlippen – als »Hottentottenschürze« verunglimpft – galt sie als Jahrmarkts-Attraktion. 1814 wurde sie, nackt bis auf eine Schambedeckung, in Paris im Jardin des Plantes den versammelten Ärzten, Anatomen und Naturforschern vorgeführt. Als Sarah Baartman ein Jahr später verstarb, widerfuhr ihr ein ähnliches Schicksal wie Angelo Soliman kaum zwanzig Jahre zuvor in Wien. Sie wurde seziert, ihr Gehirn und ihr Geschlechtsteil konserviert und ihr Skelett im Muséum national d'histoire naturelle ausgestellt. Nach dem Ende der Apartheid 1994 verlangte Südafrikas neuer Präsident Nelson Mandela die Rückgabe der sterblichen Überreste Sarah Baartmans. Die französische Regierung ließ sich Zeit, der Forderung nachzukommen. Erst im Jahr 2002 erfolgte die Überführung, und Sarah Baartman wurde feierlich in ihrer Heimat am Gamtoos River beigesetzt. Präsident Thabo Mbeki, der Mandela im Amt nachfolgte, hielt die Traueransprache.

Der Brauch, fremde Menschen als vermeintliche Wilde kommerziell zum Begaffen auszustellen, hielt sich in Europa noch bis zum Ersten Weltkrieg und darüber hinaus. Besonders populär waren im ausgehenden 19. Jahrhundert die Weltausstellungen und »Völkerschauen«, auf denen Indigene in ihrer vermeintlich natürlichen Umgebung einem großen Publikum vorgeführt wurden. So zog die »1. Deutsche Colonial-Ausstellung«, die vom 1. Mai bis zum 15. Oktober 1896 in Treptow vor den Toren Berlins stattfand, insgesamt 7,4 Millionen Besucher an. Auf dem weitläufigen Gelände präsentierten sich die »Eingeborenen« der deutschen Kolonien in Papua-Neuguinea und Afrika in nachgebauten Hüttendörfern und stellten ihr »primitives« Leben vor. Sie demonstrierten das Kochen in Erdlöchern, führten Gesänge und Tänze auf, warfen Speere und stellten Schlachten gegen die Kolonialherren nach, bei denen sie selbstverständlich unterlagen. Zu diesem Zweck wurden über hundert Männer, Frauen und Kinder aus den deutschen Kolonien nach Deutschland verfrachtet – in der Regel mit falschen Versprechungen. Dass sie ein halbes Jahr lang, Tag für Tag, halb nackt als »Eingeborene« in immer wiederkehrenden inszenierten Darbietungen eingesetzt werden sollten, ahnte wohl keiner von ihnen.

Derartige »Menschenzoos« dienten nicht zuletzt propagandistischen Zwecken. Die ausgestellten, angeblich primitiven Menschen aus den Kolonien sollten die Überlegenheit der weißen Menschen verdeutlichen und der eigenen Bevölkerung die in der Regel kostspieligen kolonialen Abenteuer schmackhaft machen. Darüber hinaus waren sie Ende des 19. Jahrhunderts in ganz Europa ein höchst lukratives Geschäft.[54] Zum größten Veranstalter dieser »Menschenzoos« avancierte der Hamburger Geschäftsmann Carl Hagenbeck, der vor allem für seinen 1907 begründeten und bis heute existierenden Tierpark bekannt ist, in dem Tiere erstmals ohne Gehege präsentiert wurden. Seine Karriere begann Hagenbeck als Händler von exotischen Tieren, er belieferte die Menagerien von Kaisern und Fürsten in der ganzen Welt. 1874 begann er in Hamburg mit einer Schau von Menschen und Tieren aus Lappland. Daraus entwickelte er in den folgenden Jahren ein höchst einträgliches Unternehmen. Seine Ausstellungen mit menschlichen Exponaten – darunter Eskimos, Feuerländer, Patagonier, Kalmücken, Singhalesen, Nubier, Somalier und Äthiopier – waren ein Publikumsmagnet und wurden auf Tournee durch halb Europa geschickt. Für seine Schauen ließ Hagenbeck Landschafts- und Dorfkulissen aufbauen, die den Anschein erweckten, die ausgestellten Ureinwohner würden hier wie in ihrer natürlichen Umgebung leben. Beworben wurden die Spektakel mit Anzeigen und Plakaten, die mit »Wild-Afrika«, einer »Wakamba-Neger-Krieger-Karawane« oder »Gorilla-Negern« lockten.[55]

Insgesamt gab es in Deutschland zwischen 1870 und 1930 rund 400 größere Völkerschauen, ein Viertel davon wurde von Hagenbeck veranstaltet. Die ausgestellten »Wilden« und »Primitiven« bedienten die exotischen Phantasien ihrer Besucher – unter Einsatz ihres Körpers und manchmal auch ihres Lebens. In ganz Europa wurden Zehntausende Menschen für diese Spektakel missbraucht. Nicht wenige von ihnen starben an Krankheiten, gegen die sie keine Resistenzen besaßen. Bisweilen wurden Kinder, die in den Gehegen starben, vor Ort verscharrt. Während der erwähnten, über ein halbes Jahr dauernden »Colonial-Ausstellung« in Treptow 1896 erkrankten viele der ausgestellten Menschen an Erkältung, Durchfall und Infektionen. Drei junge Männer überlebten ihren Aufenthalt dort nachweislich nicht.

Auch Anthropologen, Ethnologen, Historiker, Mediziner und Anatomen interessierten sich für die Völkerschauen. Anstatt sich auf kostspielige und mitunter unergiebige Reisen zu begeben, fanden sie hier leicht verfügbare Objekte für ihre Forschungen. Die ausgestellten Menschen wurden begutachtet, vermessen und zeichnerisch festgehalten. Um die Vermessung von Schädelknochen entwickelten sich die Scheinwissenschaften der Kraniometrie und der Phrenologie. Aus der Form von Kopf und Gehirn, so die Behauptung, ließen sich Charaktereigenschaften und intellektuelle Fähigkeiten herleiten. Und so wurde immer wieder aufs Neue »bewiesen«, wovon man schon vorher überzeugt war: dass afrikanische Schädel eine typisch jugendliche Form zeigten, mithin auf einer weniger entwickelten, kindlichen Stufe standen.

Aus den Theorien der verschiedenen Menschenrassen entwickelte sich im 20. Jahrhundert schließlich unter dem Vorzeichen des Darwinismus eine Pseudo-Wissenschaft von überlegenen und minderwertigen Rassen, die miteinander im »Kampf ums Dasein« stünden. Und wie die Geschichte des 20. Jahrhunderts aufs Grausamste bewies: Auch von der »weißen Rasse« ließen sich vermeintlich minderwertige »nicht-arische« Elemente ausscheiden, was die Legitimation lieferte für die Ermordung von Millionen von Menschen.

## Kapitel 4
# »Pardon wird nicht gegeben ...«

*Europas Platz an der Sonne*

Im Jahr 1950 veröffentlichte der afrokaribisch-französische Schriftsteller und Politiker Aimé Césaire eine Streitschrift, mit der er Geschichte schrieb. Mit flammenden Worten prangerte er die Verbrechen und Gräuel an, die in Afrika jahrhundertelang von Weißen an Schwarzen verübt wurden. Die Kolonialgesellschaft seiner Zeit, erklärte er, sei »das ekligste Stück verdorbenen Fleisches, das je in der Sonne verfault ist«, und er verlangte, »dass Europa vor der menschlichen Gemeinschaft Rechenschaft abzulegen hat für den höchsten Leichenberg der Geschichte«.[56] Die Streitschrift des Vorkämpfers für die politische und kulturelle Emanzipation der Schwarzen und Mitbegründers der Bewegung der *Négritude* markierte den Beginn vom Ende des Zeitalters des Kolonialismus, in dem sich Europa einen ganzen Kontinent untertan gemacht hatte.

Abenteurer, Missionare, Händler und Forschungsreisende waren die Vorboten der europäischen Kolonialisten. Mitte des 19. Jahrhunderts hatten die Europäer rund zehn Prozent Afrikas unter ihrer Kontrolle. Die wichtigsten Kolonien waren die britische Kap-Kolonie, Algerien, das von Frankreich 1848 zum französischen Staatsgebiet erklärt wurde, und

Angola, das von den Portugiesen besetzt war. Fünfzig Jahre später hatten die Europäer den ganzen Kontinent als Beute unter sich aufgeteilt. Nur zwei Länder Afrikas blieben verschont: Äthiopien, das sich der Unterjochung durch Italien erfolgreich widersetzte; und Liberia, das 1847 als erster unabhängiger Staat von afrikanischen Rückkehrern aus Amerika gegründet wurde.

Für den »Wettlauf«, oder weniger freundlich: die »Balgerei um Afrika«, die unter den europäischen Mächten ab 1850 einsetzte, waren verschiedene Faktoren verantwortlich. Die Industrielle Revolution bewirkte ein nie dagewesenes Wirtschaftswachstum. Die expandierenden Volkswirtschaften gierten nach Rohstoffen und neuen Märkten, um ihre Produkte abzusetzen. Mit Kohle befeuerte Dampfschiffe ermöglichten es erstmals, in kürzester Zeit riesige Gütermengen um die Welt zu befördern. Auch betrachtete man in Europa die fernen Kolonien als möglichen Lebensraum für eine explosionsartig wachsende Bevölkerung. Aber vor allem anderen ging es ums Prestige: Die imperialistischen Staaten Europas sahen sich im Wettbewerb untereinander um die wirtschaftlichen Ressourcen weltweit. Der Besitz von Kolonien wurde zu einer Frage des nationalen Ansehens. Nur wer selbst über Territorien in Afrika gebot, konnte sich mit dem British Empire oder dem *Empire colonial français* messen.

Deutschland reihte sich erst in den 1880er-Jahren unter die europäischen Kolonialmächte ein. Das Deutsche Kaiserreich kam zu spät auf die Welt, um bei den ganz großen Raubzügen mit von der Partie zu sein. Dazu kam, dass Reichskanzler Otto von Bismarck kein erklärter Anhänger des Kolonialgedankens war. »Ich will auch gar keine Kolonien«, erklärte er bei seinem Amtsantritt 1871. »Die sind bloß für Versorgungsposten gut. Diese Kolonialgeschichte wäre für uns genauso wie der seidne Zobelpelz in polnischen Adelsfamilien, die keine Hemden haben.«[57] Noch zehn Jahre darauf beschied er kategorisch: »Solange ich Reichskanzler bin, betreiben wir keine Kolonialpolitik.«[58]

Es sollte aber dann doch anders kommen. In den Jahren 1884/85 erklärte das Deutsche Reich Togo, Kamerun, Deutsch-Südwestafrika, Deutsch-Ostafrika sowie in der Südsee Deutsch-Neuguinea zu eigenen »Schutzgebieten«. Über die Gründe für den Kurswechsel ist viel spekuliert worden; ganz sicher spielt dabei eine Rolle, dass Bismarck den Interessen von einflussreichen Wirtschaftskreisen entgegenkommen wollte. In der deutschen Öffentlichkeit wurde die Lobby immer lauter, die nach einer aktiven Kolonialpolitik verlangte. Dazu gehörte etwa der protestantisch-vaterländische Prediger Friedrich Fabri, der in seinem Pamphlet *Bedarf Deutschland der Kolonien?* die selbstgestellte Frage mit einem entschiedenen »Ja« beantwortete. Im weltumgreifenden Export von Menschen, Kapital und Gütern sah er eine »allumfassende Krisentherapie«. Mit der Massenauswanderung verarmter Proletarier in Siedlerkolonien ließe sich nicht zuletzt die »rasche, mächtige Ausbreitung der Social-Demokratie« eindämmen. In ganz Deutschland schossen bald Kolonialvereine und Kolonialgesellschaften aus dem Boden, die für den Kolonialismus agitierten.

Im November 1884 lud Bismarck zwölf europäische Staaten, das Osmanische Reich und die USA zu einer internationalen Konferenz nach Berlin, die unter dem Namen »Kongo-Konferenz« in die Geschichte einging. Über drei Monate rangen die Diplomaten im Konferenzsaal des Reichskanzlerpalais in der Wilhelmstraße, mit einer fünf Meter hohen Karte Afrikas an der Wand, um die Aufteilung des Kontinents. Afrikaner waren auf der Berliner Konferenz nicht vertreten. Sie wurden zu den Opfern europäischer Rivalitäten und Machtkämpfe.

Zum Zankapfel unter den Konferenzteilnehmern geriet insbesondere das Gebiet des Kongobeckens im Zentrum Afrikas. Ökonomisch und strategisch war es so bedeutsam, dass keine europäische Macht es einer anderen überlassen wollte. Es wurde dann kurzerhand dem belgischen König Leopold II. als »Privatbesitz« zugesprochen, der auf dem Gebiet seinen »Kongo-Freistaat« errichtete – eine der brutalsten kolonialen Gewaltherrschaften, die bis zur Übergabe an die belgische Regierung 1908 zehn Millionen Menschenleben forderte. Die entscheidenden Abkommen wurden nicht im Plenum, sondern in bilateralen Gesprächen am Rande geschlossen. Die größten Stücke vom afrikanischen Kuchen sicherten sich die Großmächte Frankreich und Großbritannien; Portugal wurde Angola im Südwesten und Mosambik im Südosten zugesprochen. Die Italiener verleibten sich Libyen, Eritrea und Italienisch-Somaliland ein. Für Spanien blieben einige kleine verstreute Gebiete an der Westküste übrig. Deutschlands afrikanischer Kolonialbesitz lag quer über den Kontinent verstreut, aber zusammengenommen ergab er das viertgrößte Kolonialreich der Welt. Unter der Ägide Wilhelms II., der für das Deutsche Reich einen »Platz an der Sonne« beanspruchte, kamen noch das chinesische Kiautschou und in der Südsee Deutsch-Samoa hinzu. Insgesamt waren die von Berlin aus regierten Besitzungen in Afrika, China und Ozeanien fünfmal so groß wie das Deutsche Reich; über zwölf Millionen Menschen lebten im deutschen Kolonialreich.

Die auf der Berliner »Kongo-Konferenz« gezogenen Kolonialgrenzen nahmen keine Rücksicht auf lokale Interessen und Herrschaftszusammenhänge. Sie durchschnitten jahrhundertealte Gesellschaftsstrukturen, trennten zusammengehörige Volksgruppen und pferchten rivalisierende Ethnien in gemeinsame staatliche Strukturen. Die meisten von ihnen gelten unverändert – eine Hypothek für den afrikanischen Kontinent über die Epoche des Kolonialismus hinaus bis zum heutigen Tag. Bemäntelt wurde die Kolonisation Afrikas stets mit hehren Absichten. Das hauptsächliche Ziel der Kolonisierung sei es Bismarck zufolge, »den Eingeborenen Afrikas den Anschluss an die Zivilisation zu ermöglichen«.[59] Auch der Kampf gegen die Sklaverei wurde immer wieder als Motiv genannt. Die annektierten Territorien wurden nicht als Kolonien, sondern euphemistisch als »Schutzgebiete« bezeichnet – und ihre Bewohner als »Schutzbefohlene«. Doch die Realität war eine andere. Die Bewohner der Kolonien waren keine deutschen Staatsbürger, formal gesehen gehörten sie auch nicht dem Deutschen Reich an. Sie hatten kaum Rechte und auch nicht die Möglichkeit, ihre Ansprüche vor Gerichten durchzusetzen. Nach und nach wurden sie ihres Landes und ihrer Würde beraubt. Die »Schutzverträge«, die die Kolonisatoren mit örtlichen Herrschern abschlossen, kamen meist unter Vorspiegelung falscher Tatsachen zustande. Der »ewige Freundschaftsvertrag«, den der Vertreter der Gesellschaft für deutsche Kolonisation in Ostafrika, Carl Peters, dem Sultan von Usagara abpresste, legte fest, dass der Sultan alle staatlichen Hoheitsrechte abtrat; unter anderem »das alleinige und uneingeschränkte Recht der Ausbeutung von Bergwerken, Flüssen, Forsten; das Recht, Zölle aufzulegen, Steuern zu erheben, eigene Justiz und Verwaltung einzurichten, und das Recht, eine bewaffnete Macht zu schaffen«.[60] Im Rückblick beschrieb Peters, wie solche »Abtretungsverträge« zustande kamen: »Ich selbst hatte mir, um den Sultanen ebenbürtig zu erscheinen, eine Reihe Fahnen mitgenommen, die ich aufziehen ließ … Wir tranken dann einen Trunk guten Grogs und brachten seine Hoheit von vornherein in die vergnüglichste Stimmung. Alsdann wurden Ehrengeschenke ausgetauscht.« Weigerte sich ein Sultan, einen Vertrag abzuschließen, kannte auch Peters kein Pardon. »Ich wandte mich nun in die benachbarten Dörfer, um noch vor Einbruch der Nacht den Leuten eine ernstliche Lektion zu erteilen… Ich befahl, alles, was für uns von Wert war, herauszuräumen, und ließ dann nacheinander sechs von diesen Dörfern in Brand stecken.«[61] Auf diese Weise gelang es Peters, in kürzester Zeit ein Gebiet zu »erwerben«, das zweimal so groß wie Deutschland war.

Die lokalen Führer erhofften sich von den »Schutzverträgen« militärische Hilfe gegen rivalisierende Volksgruppen. Sie konnten nicht ahnen, dass die »Schutzherrlichkeit«, die Seine Majestät der Deutsche Kaiser im Gegenzug gewährte, das Papier nicht wert war, auf dem sie geschrieben stand. Nach der Auffassung der Kolonialherren bemächtigte sich Deutschland in Afrika völkerrechtlich als »herrenlos« geltender Territorien, irgendwelche Verpflichtungen ihrerseits ließen sich daraus nicht ableiten.

Mit einem besonderen Trickbetrug nahm Deutschlands Kolonie »Deutsch-Südwestafrika« im heutigen Namibia ihren Anfang. Für 10.000 Mark und 260 Gewehre kaufte der Bremer Kaufmann Adolf Lüderitz dem Volk der Nama eine Bucht im Süden und fünf Meilen Hinterland ab – wohl wissend, dass der Kaptein der Nama mit englischen Meilen rechnete und nicht mit der fast fünfmal so langen deutschen Meile. In Kamerun war es der Arzt und Afrikareisende Gustav Nachtigal, der als Reichskommissar für Deutsch-Westafrika »Schutzverträge« mit den Führern der Duala aushandelte, unter anderem mit König Manga Bell. Im Deutschen Reich machte dazu ein Lied die Runde, gesungen zur Melodie von »Jupheidi, jupheida«: »King Aqua und King Bell / Sagten unlängst: Very well / Schenkten für sechs Pullen Rum / Uns ihr ganzes Königtum.«[62]

An der Spitze der Kolonien standen Gouverneure, die ihr Territorium nach Art von Feudalherren regierten und ihm ihren Stempel aufdrückten. Nur mit Zwang und Gewalt, so die allgemeine Auffassung, könne man die Afrikaner dazu bringen, ihrer Arbeitspflicht nachzukommen. Sie schufteten als Arbeiter auf Plantagen, beim Straßen- und Eisenbahnbau, als Bedienstete und Träger oder dienten in Söldnertruppen – in aller Regel für einen Hungerlohn. Die Kolonialgesellschaften sicherten sich die besten Böden für sich. Für den Export ins Deutsche Reich produzierten sie Kaffee, Kakao, Baumwolle und Kautschuk. Den Einheimischen verblieben die unfruchtbaren Ländereien. Durch die Erhebung einer Hütten- oder Kopfsteuer, die nur in Form von Geld beglichen werden konnte, wurden sie in die Lohnarbeit gezwungen. Prügelstrafen und körperliche Züchtigungen waren an der Tagesordnung. Dabei kam fast überall die gefürchtete Peitsche aus sonnengetrockneter Flusspferdhaut zum Einsatz. Man könne sich nicht vorstellen, berichtete der Kolonialbeamte

Wilhelm Vallentin, welche Spuren die »Nilpferdpeitsche« bei den nackt über ein Bierfass gebundenen Opfern hinterließ: »Ein rohes, gehacktes Beefsteak ist nicht dagegen.«[63] Fünfundzwanzig Hiebe genügten, um die Gepeinigten ohnmächtig werden zu lassen; hundert Hiebe konnten tödlich sein.

Wie die anderen europäischen Mächte in Afrika waren auch die deutschen Kolonialbeamten weit davon entfernt, die Territorien, die sie für sich beanspruchten, und deren Bevölkerung vollständig zu kontrollieren. Ihre Befehlsgewalt blieb häufig auf »Inseln der Herrschaft« beschränkt. Für die Aufrechterhaltung der öffentlichen Sicherheit und Ordnung waren »Schutztruppen« zuständig, die formell direkt dem Kaiser unterstellt waren – faktisch waren es Privatarmeen der jeweiligen Gouverneure. Meist kamen nur die Offiziere und Unteroffiziere aus Deutschland, das Gros der Truppe rekrutierte sich aus schwarzen Söldnern, in Ostafrika *Askari* genannt. Sie erhielten nur rund ein Drittel des Soldes der Deutschen und mussten selbst für ihre Verpflegung aufkommen.

Fast überall auf dem Kontinent regte sich bald Widerstand gegen die kolonialen Besatzer, so auch in den deutschen Kolonien. Er wurde mit aller Brutalität unterdrückt. Gegen die Maschinengewehre der Kolonialtruppen war die einheimische Bevölkerung machtlos. »Strafexpeditionen« gegen Zuwiderhandlungen waren in allen Kolonien gängige Praxis. In Deutsch-Südwestafrika sind zwischen 1898 und 1903 insgesamt fünfundzwanzig solcher Rachefeldzüge aktenkundig. In Deutsch-Ostafrika rückten die »Schutztruppen« allein in den Jahren 1891 bis 1897 über sechzigmal zu Gefechten aus. Der zeitweilige Gouverneur der Kolonie Hermann von Wissmann führte mit seiner »Wissmanntruppe«, bestehend aus tausend

Askaris, zahlreiche grausame »Strafexpeditionen«. Die Ki-bosho, deren Chief es gewagt hatte, die kaiserliche Flagge vom Mast zu nehmen, büßten dafür mit Hunderten Toten.

Darüber hinaus führten die deutschen Truppen drei große Kolonialkriege. Der erste, der sogenannte Boxeraufstand in den Jahren 1900/01, fand nicht auf afrikanischem Boden, sondern in China statt. 1897 hatte Kaiser Wilhelm II. seiner Marine befohlen, die chinesische Hafenstadt Kiautschou einzunehmen – die Ermordung zweier Missionare diente dafür als Vorwand. Als sich die Bewegung der Yihequan (»Fäuste der Gerechtigkeit und Harmonie«), von westlicher Seite »Boxer« genannt, im Jahre 1900 erhob, schickte der deutsche Kaiser ein Expeditionsheer von 11.790 Soldaten nach Fernost. Bei der Verabschiedung in Bremerhaven hielt Wilhelm II. seine berüchtigte »Hunnenrede«: »Kommt ihr vor den Feind, so wird er geschlagen. Pardon wird nicht gegeben, Gefangene nicht gemacht. Wer euch in die Hände fällt, sei in eurer Hand. Wie vor tausend Jahren die Hunnen unter ihrem König Etzel sich einen Namen gemacht, der sie noch jetzt in der Überlieferung gewaltig erscheinen lässt, so möge der Name Deutschlands in China in einer solchen Weise bekannt werden, dass niemals wieder ein Chinese es wagt, etwa einen Deutschen auch nur scheel anzusehen!«[64] Als Teil eines multinationalen Expeditionskorps zogen die deutschen Marinesoldaten plündernd und metzelnd durch Nordchina. Der deutsche General Graf von Waldersee, der das Korps befehligte, schrieb in sein Tagebuch, er fühle sich an den Dreißigjährigen Krieg erinnert, sei aber selbst nicht in der Lage gewesen, dem Wüten Einhalt zu gebieten.

In Deutsch-Südwestafrika erhoben sich im Januar 1904 die Herero unter ihrem Chief Samuel Maharero gegen die deutsche Herrschaft. Ein Ausbruch der Rinderpest hatte dazu geführt, dass die Herero die meisten ihrer Herden und damit ihre Existenzgrundlage verloren. Um nicht zu verhungern, waren sie gezwungen, auf den Farmen deutscher Siedler oder für die Kolonialverwaltung zu arbeiten. Der Raub ihres Landes und ihrer Wasserstellen, die Frondienste und das gewaltsame Eintreiben von Wucherzinsen, Willkürurteile und Vergewaltigungen schwarzer Frauen durch weiße Herren: Nach und nach erkannten die Herero, mit wem sie es als vermeintlich »Schutzbefohlene« tatsächlich zu tun hatten. Sie waren der Selbstjustiz der Siedler und der Willkür ihrer »Schutzmacht« ausgeliefert.

Das provozierende Verhalten eines Distriktchefs brachte das Fass zum Überlaufen. Der Konflikt eskalierte, es kam zu Schusswechseln. Bisher war es den deutschen Kolonialtruppen stets gelungen, Unruhen durch schnelle Vergeltungsaktionen im Keim zu ersticken. Diesmal war die Wut zu groß. Andere Hererogruppen schlossen sich der Erhebung an. Die Aufständischen überfielen Farmen und töteten insgesamt einhundertdreiundzwanzig Deutsche. Frauen und Kinder wurden auf Geheiß Mahareros verschont. Einige Siedler übten eigenmächtig Vergeltung. »Aufräumen, aufhängen, niederknallen, bis auf den letzten Mann«, so ihre Forderung. Der Gouverneur Theodor Leutwein, der auf eine diplomatische Lösung des Konflikts gesetzt hatte, wurde von Berlin entmachtet. Als dessen Nachfolger wurde Lothar von Trotha mit 10.000 Soldaten, Maschinengewehren und Feldhaubitzen nach Afrika entsandt. Der Generalleutnant war für seine Brutalität bekannt, er hatte sich bereits bei der Niederschlagung des Boxeraufstandes und bei »Strafexpeditionen« in Deutsch-Ostafrika bewährt. »Gewalt

mit krassem Terrorismus und selbst mit Grausamkeit auszu-
üben, war und ist meine Politik«, erklärte von Trotha. »Ich ver-
nichte die aufständischen Stämme in Strömen von Blut und
Strömen von Geld.«[65]

Im August 1904 umkesselten Trothas Truppen den Waterberg, auf dessen Plateau sich die Herero mit ihrem Vieh ver-
sammelt hatten. Mit Maschinengewehren und schwerem Ge-
schütz schossen sie wahllos auf Männer, Frauen und Kinder.
Die den Angriff überlebten, flohen in die angrenzende Oma-
heke-Wüste. Daraufhin ließ von Trotha das Gebiet abriegeln
und besetzte die Wasserstellen über mehrere Wochen hinweg
mit Soldaten. Zehntausende Herero verdursteten. »Wie ein
halb zu Tode gehetztes Wild war er [der Feind] von Wasserstelle zu Wasserstelle gescheucht, bis er schließlich willenlos
ein Opfer der Natur des eigenen Landes wurde«, heißt es im
Bericht des deutschen Generalstabs. »Die wasserlose Oma-
heke sollte vollenden, was die deutschen Waffen begonnen
hatten: die Vernichtung des Hererovolkes«.[66]

Am 2. Oktober 1904 erließ von Trotha eine Proklamation
an das Volk der Herero, die als »Vernichtungsbefehl« bekannt
wurde: »Ich der große General der deutschen Soldaten sende
diesen Brief an das Volk der Herero. Die Herero sind nicht
mehr deutsche Untertanen … Das Volk der Herero muss …
das Land verlassen. Wenn das Volk dies nicht tut, so werde ich
es mit dem Groot Rohr [Geschütz] dazu zwingen … Innerhalb der Deutschen Grenze wird jeder Herero mit oder ohne
Gewehr, mit oder ohne Vieh erschossen, ich nehme keine
Weiber und Kinder mehr auf, treibe sie zu ihrem Volke zurück oder lasse auch auf sie schießen. Dies sind meine Worte
an das Volk der Herero.«[67]

Ende des Jahres schlossen sich die Nama unter dem siebzigjährigen Kaptein Hendrik Witbooi dem Aufstand der Herero an. Anstatt sich in offene Schlachten zu begeben, führten die Nama einen Guerillakrieg gegen die deutschen Besatzer. Nach dem Tod des Kapteins Witbooi im Oktober 1905 bei einem Gefecht wurde von Trotha als Gouverneur abberufen. Aber das bedeutete nicht das Ende des Krieges gegen die Herero und Nama. Die deutschen »Schutztruppen« ließen Gefangene öffentlich hinrichten, zwangen Zivilisten zu Zwangsarbeit und deportierten sie in eigens geschaffene Lager, für die sich der Name »Konzentrationslager« einbürgerte. Die Insassen wurden in Ketten gelegt und mussten in Steinbrüchen arbeiten, bis sie zusammenbrachen. In den Lagern wüteten Lungenentzündung und Skorbut. Alles in allem starben in diesem Krieg etwa 65.000 der 80.000 Herero und die Hälfte der 20.000 Nama. Auf deutscher Seite waren 1500 Soldaten gefallen oder an Krankheiten gestorben. Die Völkermordkonvention der Vereinten Nationen definiert »Völkermord« als eine Gewalttat, »die in der Absicht begangen wird, eine nationale, ethnische, rassische oder religiöse Gruppe als solche ganz oder teilweise zu zerstören«.[68] Die Historiker sind sich heute einig, dass der deutsche Kolonialkrieg gegen die Herero und Nama diese Definition erfüllt und als Völkermord einzustufen ist.

Das Jahr 1905 brachte auch in Deutsch-Ostafrika einen Aufstand, der sich zum Kolonialkrieg ausweitete. Hier war es die Einführung einer Kopfsteuer, die mangels Geld meist nur in Form von Zwangsarbeit abgegolten werden konnte. Die religiöse Bewegung des Maji-Maji (Kisuaheli für »geweihtes Wasser«) versprach die baldige Vertreibung der deutschen Besatzer. Das heilige Wasser, so die Verheißung, verleihe – getrunken, über den Leib versprengt oder bei sich getragen – magische Kräfte, mache unverwundbar und lasse die Gewehrkugeln der Kolonialtruppen wie Regentropfen abperlen. Den Aufständischen schlossen sich bald über ethnische Grenzen hinweg immer mehr Menschen an. Die Maji-Maji-Krieger, die mit Speeren gegen Maschinengewehre kämpften, mussten bald schmerzlich erfahren, dass die Macht des *maji* recht begrenzt war. Daraufhin gingen sie zu Guerilla-Taktiken über. Die Truppenverbände der Kolonialmacht antworteten mit einer Politik der »verbrannten Erde«. Sie plünderten Dörfer und brannten sie nieder, zündeten Vorräte und Felder an. Am Ende lagen ganze Regionen brach und waren ausgestorben. Man schätzt, dass zwischen 75.000 und 300.000 Menschen den Kämpfen und den anschließenden Hungersnöten zum Opfer fielen – rund ein Drittel der Bevölkerung. Aufseiten der Kolonialtruppen starben 15 Europäer und rund 390 Söldner. Anders als in Deutsch-Südwestafrika war die Kriegführung der Kolonialmacht aber nicht auf einen Völkermord ausgerichtet.

Das brutale Vorgehen der deutschen Truppen gegen die Bevölkerung in den Kolonien löste auch im Deutschen Reich Proteste aus. Im Dezember 1906 verweigerten die Sozialdemokraten und das katholische Zentrum im Reichstag den Nachtragshaushalt für die im Krieg befindliche Kolonie Deutsch-Südwestafrika. Reichskanzler Bernhard von Bülow löste daraufhin den Reichstag auf. Der darauf folgende Wahlkampf wurde hitzig mit nationalistischen und kolonialistischen Kampagnen geführt. Als »Hottentottenwahl« ging die Reichstagswahl vom 25. Januar 1907 in die Geschichte ein. Die Befürworter der deutschen Kolonialpolitik, der sogenannte Bülow-Block, ging daraus mit Stimmengewinnen hervor. Im Reichstag hatte von Bülow die Politik der Regierung mit den Worten verteidigt: »Die Frage steht nicht so: ob wir kolonisieren wollen oder nicht; sondern wir müssen kolonisieren, ob wir wollen oder nicht. Der Trieb zur Kolonisation, zur Ausbreitung des eigenen Volkstums ist in jedem Volke vorhanden, das sich eines gesunden Wachstums und kräftiger Lebensenergie erfreut ... Wir werden ein kolonisierendes Volk bleiben, solange wir gesundes Mark in den Knochen haben.«[69]

Zwölf Jahre nach diesen markigen Worten war es für Deutschland mit dem Traum vom kolonialen Imperium bereits wieder vorbei. Mit dem Zusammenbruch des Kaiserreichs als Folge der Niederlage im Ersten Weltkrieg ging die gut dreißig Jahre während koloniale Ära Deutschlands zu Ende. Die Siegermächte verfügten, dass Deutschland alle seine Kolonien abzugeben habe. Begründet wurde dies mit »Deutschlands Versagen auf dem Gebiet der kolonialen Zivilisation«: Deutschland habe den von ihm beherrschten Gebieten keinen Fortschritt, sondern vor allem Krieg und Zwangsarbeit gebracht. Ein in Großbritannien erscheinendes »Blaubuch«, das die brutalen Exzesse der deutschen Kolonialverwaltung in Deutsch-Südwestafrika auflistete, lieferte dafür die Argumente. Mit dem Inkrafttreten des Versailler Vertrages im Januar 1920 wurden die deutschen Kolonien formal unter das Mandat des Völkerbundes gestellt – de facto aber unter den Siegermächten aufgeteilt. Für die afrikanischen Gebiete hieß dies: Großbritannien erhielt den Großteil von Deutsch-Ostafrika. Togo und Kamerun teilte es sich mit

Frankreich. Die restlichen Gebiete Deutsch-Ostafrikas (heute Burundi und Ruanda) gingen an Belgien; ein kleiner Teil davon, das Kionga-Dreieck, wurde Portugal zugesprochen. Deutsch-Südwestafrika ging an die Südafrikanische Union.

Der amerikanische Präsident Woodrow Wilson proklamierte auf der Versailler Friedenskonferenz zwar das Selbstbestimmungsrecht der Völker, aber für die Menschen in den von Europa beherrschten Kolonien sollte dies keineswegs gelten. In der Satzung des Völkerbunds war von der »heiligen Aufgabe der Zivilisation« der europäischen Staaten die Rede, »das Wohlergehen und die Entwicklung« jener Völker zu garantieren, die »noch nicht imstande sind, sich unter den besonders schwierigen Bedingungen der heutigen Welt selbst zu leiten«.[70] So bestand das System des Kolonialismus weiter fort. Erst der Zweite Weltkrieg sollte es ins Wanken bringen. Die auf Betreiben des amerikanischen Präsidenten Franklin D. Roosevelt von den USA und Großbritannien im August 1941 formulierte Atlantik-Charta proklamierte »das Recht aller Völker, sich jene Regierungsform zu geben, unter der sie zu leben wünschen«. Der britische Premier Winston Churchill wiegte sich noch eine Weile in der Illusion, die Atlantik-Charta würde nicht für die Kolonien Großbritanniens in Afrika und Asien gelten. Aber 1947 verabschiedete das britische Parlament den Indian Independence Act, mit dem es seine Kolonie Indien in die Unabhängigkeit entließ. Es war der Anfang vom Ende des British Empire – und das Ende des europäischen Kolonialismus. Es dauerte nicht lange, bis der Funke von Asien auf den afrikanischen Kontinent übersprang und auch dort sich die Unabhängigkeitsbewegungen regten.

Im Oktober 1945 trafen sich die führenden Köpfe der afrikanischen Befreiungsbewegung in Manchester zu ihrem fünften Pan-Afrikanischen Kongress. Unter den Teilnehmern befand sich eine Reihe illustrer Männer, die später zu den ersten Präsidenten ihrer Länder wurden: Nnamdi Azikiwe (Nigeria), Kenneth Kaunda (Sambia), Jomo Kenyatta (Kenia), Kwame Nkrumah (Ghana), Julius Nyerere (Tansania) und Ahmed Sékou Touré (Guinea). »Wir sind entschlossen, frei zu sein«, heißt es in der Abschlusserklärung. »Wir sind nicht länger bereit, zu hungern und die Packesel der Welt zu sein, um durch unsere Armut und Unwissenheit eine falsche Aristokratie und einen überholten Imperialismus zu unterstützen.«[71] Sie enthielt aber auch eine kaum verklausulierte Drohung: »Die Delegierten glauben an den Frieden. Wie könnte es anders sein, wo die afrikanischen Völker über Jahrhunderte die Opfer von Gewalt und Sklaverei waren. Doch wenn die westliche Welt noch immer entschlossen ist, die Menschheit mit Gewalt zu regieren, dann, als letztes Mittel, kann es sein, dass auch die Afrikaner Gewalt anwenden müssen, um die Freiheit zu erlangen, selbst wenn die Gewalt sie selbst und die Welt zerstört.«

Der Weg zur Unabhängigkeit sollte vielerorts ein blutiger werden, denn die Europäer wollten nicht von ihren Kolonien lassen. Aber der Widerstand ließ sich nicht mehr unterdrücken. In der britischen Kolonie Kenia rebellierten zu Beginn der 1950er-Jahre die bäuerlichen Kikuyu gegen die weißen Farmer, die ihnen das Land geraubt hatten. Ihr Aufstand, der sich bald auch gegen die britischen Beamten der Kolonialverwaltung richtete, nahm die Züge eines Bürgerkriegs an. Die Briten gaben ihm den Namen »Mau-Mau« (in der Sprache der Kikuyu: »Land durch Freiheit«). Auch wenn der Aufstand

1956 niedergeschlagen wurde, nahm der Druck auf die Kolonialmächte zu. Großbritannien versuchte ihn abzuwehren, indem es seinen Kolonien größere Autonomie einräumte. Frankreich hingegen verfolgte den Plan, seine Kolonien noch stärker ans »Mutterland« zu binden. Bereits im Jahr 1944 hatte es auf der Konferenz von Brazzaville all seinen Kolonien zugestanden, Vertreter in die Französische Nationalversammlung zu entsenden.

Aber all diese halbherzigen Zugeständnisse halfen nichts. »Der Kolonialismus in all seinen Erscheinungsformen ist ein Übel, das so schnell wie möglich enden muss«, hieß es in der Abschlusserklärung der Afro-Asiatischen Konferenz 1955 im indonesischen Bandung.[72] Die Anführer der Unabhängigkeitsbewegungen in Afrika und Asien wie Nehru in Indien, Sukarno in Indonesien und Nasser in Ägypten standen in engem Kontakt zueinander und unterstützten sich gegenseitig. So kam es, dass in den 1950er-Jahren immer mehr afrikanische Staaten ihre Unabhängigkeit errangen. Libyen machte 1951 den Anfang, ihm folgten 1956 der Sudan, Marokko und Tunesien und in den Jahren darauf Ghana und Guinea. Im »Afrikanischen Jahr« 1960 erlangten achtzehn Kolonien in Afrika ihre Selbstständigkeit, neben Britisch-Somaliland und Italienisch-Somaliland auch Kamerun, Togo, Madagaskar, die Demokratische Republik Kongo, die Republik Dahomey (Benin), Niger, Obervolta, Elfenbeinküste, Tschad, die Zentralafrikanische Republik, Gabun, Senegal, Mali, Nigeria und Mauretanien. 1961 folgten Sierra Leone und Tanganjika (Tansania) und ein Jahr darauf Algerien, Uganda, Ruanda und Burundi.

Einer der grausamsten Kriege um die Unabhängigkeit wurde

in Algerien geführt. Frankreich wollte um jeden Preis an seiner Kolonie festhalten – wohl auch deshalb, weil es dort inzwischen eine Million französischer Siedler gab, immerhin zwölf Prozent der damaligen Bevölkerung Algeriens. 1954 rief Ahmed Ben Bella – der spätere erste Staatspräsident des Landes – die algerische Nationale Befreiungsfront (FLN) ins Leben, die den bewaffneten Kampf gegen das Kolonialregime aufnahm. Frankreich entsandte 400.000 Soldaten nach Algerien, um den Aufstand niederzuschlagen. An deren Seite kämpften die Algerienfranzosen, die sogenannten *Pieds Noirs* (»Schwarzfüße«). Zwar gelang es ihnen, die FLN zu zerschlagen, doch scheiterten sie darin, das Land zu befrieden. Nach langen Verhandlungen erkannte Frankreichs Präsident Charles de Gaulle schließlich am 18. März 1962 die Unabhängigkeit Algeriens an.

Portugal unter der Diktatur António Salazars sträubte sich bis zuletzt gegen die Unabhängigkeit seiner Kolonien Angola, Guinea-Bissau, Kap Verde, Mosambik sowie São Tomé und Príncipe. Der Krieg, den Portugal gegen die Unabhängigkeitsbewegungen führte, dauerte zehn Jahre. Er war brutal und kostspielig und trug dazu bei, dass das Salazar-Regime 1974 durch einen Putsch gestürzt wurde. Im Jahr darauf erkannte die demokratische Regierung Portugals die Unabhängigkeit seiner Kolonien an. Im Jahr 1980 fiel auch die Herrschaft der Weißen in Rhodesien (benannt nach dem englisch-südafrikanischen Kolonialisten Cecil Rhodes). Das zunehmend international geächtete Apartheid-Regime in Südafrika und das von ihm besetzte Namibia waren damit die Letzten in Afrika, die ihrer schwarzen Bevölkerung die Selbstbestimmung vorenthielten. Beide – Südafrika und die ehemalige deutsche

Kolonie Namibia – wurden erst 1990, im Jahr der deutschen Wiedervereinigung, unabhängig.

Blutige Unabhängigkeitskriege auf afrikanischem Boden blieben Deutschland erspart, das seine Kolonien schon 1918 verloren hatte. Wirtschaftlich war die Kolonialzeit Deutschlands von Anfang bis Ende ein unrentables Zuschussgeschäft. Doch hinterließ der Ausschluss Deutschlands aus dem Kreis der Kolonialmächte bei vielen einen anhaltenden Phantomschmerz. Im Rückblick wurde die Kolonialära nostalgisch verklärt. Mit großem Pomp und Gefolge zog der Kommandeur der Schutztruppe für Deutsch-Ostafrika, Generalmajor Paul von Lettow-Vorbeck, am 2. März 1919 durch das Brandenburger Tor nach Berlin ein. Auf der am Pariser Platz aufgebauten Ehrentribüne jubelten ihm Vertreter der Reichs- und Stadtregierung, der Armee und Marine und Abgesandte der deutschen Kolonialvereine zu. Kein Zweiter stand für Deutschlands koloniales Abenteuer wie er, er tummelte sich auf allen kolonialen Kriegsschauplätzen. Als Adjutant war er an der Niederschlagung des Boxeraufstands in China beteiligt, nahm als Kompaniechef unter Lothar von Trotha in Deutsch-Südwestafrika an der Schlacht am Waterberg gegen die Herero und Nama teil und kämpfte im Ersten Weltkrieg als Oberst in Deutsch-Ostafrika gegen die Briten und Belgier. Der »Löwe von Afrika«, wie Lettow-Vorbeck bald genannt wurde, wurde zum Kolonialhelden und Vorkämpfer für die Rückgabe des »geraubten Kolonialreiches« – und seine Erinnerungen an »Deutschlands Kampf in Ostafrika« avancierten unter dem Titel *Heia Safari!* zum Bestseller.

»Was deutsch war, muss wieder deutsch werden«, lautete die Forderung der zahlreichen Kolonialvereine in den

1920er- und 1930er-Jahren, die über eine Million Mitglieder zählten. Der bedeutendste von ihnen war die Deutsche Kolonialgesellschaft, in dessen Präsidium Anfang der Dreißigerjahre auch der damalige Kölner Oberbürgermeister Konrad Adenauer saß. Mit der »Machtergreifung« durch die Nationalsozialisten witterte die Kolonialbewegung Morgenluft. In zahlreichen Städten wurden Straßen und Plätze nach den »Helden« des deutschen Kolonialismus wie etwa Carl Peters und Hermann von Wissmann benannt und ihnen zu Ehren Kolonialdenkmäler errichtet. Gedenkfeiern und Kolonialausstellungen erhielten den Traum vom afrikanischen Imperium am Leben. Ein Brettspiel für Kinder war das »Kolonialspiel – Wir befreien Afrika«. Zur Verklärung der deutschen Kolonialzeit trugen vor allem die zahlreichen Kolonialfilme bei, über hundert wurden zwischen 1933 und 1945 gedreht. Sie trugen so schillernde Titel wie *Die Reiter von Deutsch-Ostafrika*, *Deutsche Pflanzer am Kamerunberg* oder *Germanin*.

Den Schlachtplan für die Wiedererlangung der deutschen Kolonialgebiete in Afrika sollte ein von den Nationalsozialisten geschaffenes Kolonialpolitisches Amt ausarbeiten. Die Einsatzstäbe für die Übernahme belgischer, britischer und französischer Kolonialgebiete operierten unter den Tarnnamen »Banane« (für Westafrika) und »Sisal« (für Ostafrika). Geplant war die Schaffung eines »Mittelafrikanischen Kolonialreichs« unter deutscher Vorherrschaft von der Goldküste bis Südwestafrika und vom Tschadsee bis Tanganjika. Ausgearbeitete Entwürfe für die koloniale Gesetzgebung – von der »Gerichtsbarkeitsverordnung für Deutsche und für Eingeborene« über die »Polizeiordnung« bis hin zum »Kolonialblutschutzgesetz« – lagen bereits in der Schublade.[73] Spätestens mit Beginn des Zweiten Weltkriegs freilich wurden solche Planspiele obsolet. Adolf Hitlers Expansionsphantasien zielten nicht auf Afrika, sondern auf den Osten Europas: Dort, in Polen und auf dem Gebiet der Sowjetunion, sollte für Deutschland neuer »Lebensraum« entstehen. Der Eroberungskrieg, den Hitler entfachte und mit brutaler Rücksichtslosigkeit gegen die Zivilbevölkerung führte, stellte alles in den Schatten, was unter Deutschlands Herrschaft in dessen »Schutzgebieten« geschehen war.

Im öffentlichen Bewusstsein Nachkriegsdeutschlands wiederum spielte die Kolonialzeit lange Zeit nur eine untergeordnete Rolle. Im Vergleich zu den Verbrechen des Nationalsozialismus und des Holocaust schien der Kolonialismus eine vernachlässigbare Größe. Die Kolonialzeit geriet in Vergessenheit, viele wissen heute gar nicht mehr, wo Deutschland überall Kolonien hatte. Doch der deutsche Kolonialismus war ebenso grausam wie der anderer europäischer Staaten. Und er war, ebenso wie der Großbritanniens, Frankreichs, Belgiens, Spaniens und Portugals, getrieben von einem Rassismus, der in den Afrikanern Untermenschen sah. Die Kolonialverbrechen, schrieb Aimé Césaire, »beweisen, dass die Kolonisation selbst den zivilisiertesten Menschen entmenschlicht; dass die koloniale Unternehmung, die koloniale Eroberung, die sich auf die Verachtung der eingeborenen Menschen gründen und durch diese Verachtung gerechtfertigt werden, zwangsläufig die Tendenz haben, denjenigen, der sie unternimmt, zu verändern; dass der Kolonisator, der sich, um ein gutes Gewissen zu haben, daran gewöhnt, im anderen *das Tier* zu sehen, und sich darin übt, ihn als Tier zu behandeln, objektiv die Neigung entwickelt, sich selbst in *ein Tier* zu verwandeln«.[74]

Gleichwohl hielt sich die Rechtfertigungsrhetorik von der »Zivilisierungsmission«, der zufolge die kolonisierten Afrikaner zu primitiv seien, um sich selbst zu regieren, hartnäckig – und findet bis heute ihren Widerhall in einer patriarchalisch verstandenen »Entwicklungshilfe«.

Mit der Aufarbeitung ihrer kolonialen Vergangenheit haben alle ehemaligen Kolonialmächte Europas ihre Schwierigkeiten. Noch im Juli 2007 erklärte der damalige französische Präsident Nicolas Sarkozy in einer Rede vor 1300 geladenen Gästen an der Universität von Senegals Hauptstadt Dakar: »Afrikas Drama ist, dass der Afrikaner nicht genug in die Geschichte eingetreten ist. Der afrikanische Bauer kennt nur den ewigen Wiederbeginn der Zeit im Rhythmus der endlosen Wiederholung derselben Gesten und derselben Worte. In dieser Geisteshaltung, wo alles immer wieder anfängt, gibt es Platz weder für das Abenteuer der Menschheit noch für die Idee des Fortschritts. In diesem Universum, wo die Natur alles regelt, entkommt der Mensch der Qual der Geschichte, die den modernen Menschen gefangen hält, und er bleibt regungslos in einer unveränderlichen Ordnung. Nie geht er auf die Zukunft zu. Nie kommt er auf die Idee, aus der Wiederholung auszutreten, um sich ein Schicksal zu erfinden. Dies ist das Problem Afrikas.«[75] Und trotz aller »Fehler«, so der französische Präsident, sei die europäische Kolonisierung für Afrika ein Aufbauprojekt gewesen, für das man sich nicht zu entschuldigen brauche. Dafür, dass Sarkozy wiederum das jahrhundertealte Klischee vom geschichtslosen Kontinent Afrika bemühte, schlug ihm von seinen afrikanischen Zuhörern Kritik und Empörung entgegen, von »Überheblichkeit« und »Beleidigung« war die Rede.

Zwei Jahre zuvor hatte die französische Nationalversammlung ein Gesetz beschlossen, dass in den Lehrplänen der Schulen »vor allem die positive Rolle der französischen Präsenz auf anderen Kontinenten, insbesondere in Nordafrika« dargestellt werden solle. In den Lehrplänen der Schulen in Deutschland fand die Kolonialzeit wiederum meist überhaupt nicht statt. Erst in jüngster Zeit beginnt die Mauer des Verdrängens und Verschweigens allmählich zu bröckeln.[76] Der 2017 gewählte französische Präsident Emmanuel Macron erklärte sich selbst als »Antikolonialist« und bezeichnete den Kolonialismus als ein »Verbrechen gegen die Menschlichkeit«. König Philippe von Belgien gratulierte 2020 dem kongolesischen Präsidenten Félix Tshisekedi in einem Brief zum sechzigsten Jahrestag der Unabhängigkeit des Landes und sprach dabei die Kolonialverbrechen an. Als das afrikanische Land noch seinem Vorfahren Leopold II. gehörte, seien dort »Akte der Gewalt und Grausamkeit« begangen worden, »die immer noch schwer auf unserer kollektiven Erinnerung lasten«. Und weiter: »Ich möchte mein tiefes Bedauern über die Wunden dieser Vergangenheit bekunden, deren Schmerz heute wieder zu spüren ist wegen der Diskriminierungen, die es in unserer Gesellschaft noch allzu oft gibt.«[77]

In Großbritannien räumte im Juni 2013 der damalige Außenminister William Hague im Namen der britischen Regierung erstmals ein, dass die Kenianer unter der Kolonialregierung gelitten hätten und gefoltert worden seien. Und er kündigte für die überlebenden Kenianer, die im Zusammenhang mit dem Mau-Mau-Krieg von der britischen Kolonialregierung inhaftiert und gefoltert worden waren,

Entschädigungszahlungen an.[78] Allerdings nahmen sich die
angebotenen Summen recht bescheiden aus: 19,9 Millionen Pfund für 5228 Menschen, rund 3800 Pfund pro Person.
Hague erklärte zudem, dass die Regierung eine juristische
Verantwortung für die Vorgänge ablehne. Wie alle ehemaligen Kolonialmächte fürchtet sich Großbritannien davor,
dass die Debatte um Entschädigungszahlungen immer weitere Kreise zieht – und womöglich irgendwann die Frage nach
Wiedergutmachungszahlungen für die Nachfahren versklav-
ter Menschen auf die politische Tagesordnung kommt.

Auch in Deutschland rückt die verdrängte koloniale Vergangenheit allmählich ins öffentliche Bewusstsein. 2016/2017
fand im Berliner Deutschen Historischen Museum erstmals
eine große Ausstellung zum deutschen Kolonialismus statt.
Und während der Maji-Maji-Krieg in Deutsch-Ostafrika noch
immer kaum im kollektiven Gedächtnis verankert ist, ist der
Völkermord in Deutsch-Südwestafrika zunehmend öffentli-
ches Thema. Lange hatte sich die deutsche Bundesregierung
geweigert, den Vernichtungskrieg in Deutsch-Südwestafrika
als Völkermord anzuerkennen – auch hier stand die Furcht
vor möglichen Entschädigungszahlungen im Vordergrund.
Im August 2004 nahm mit der damaligen Bundesentwick-
lungshilfeministerin Heidemarie Wieczorek-Zeul erstmals
eine offizielle Vertreterin der deutschen Regierung an einer
Gedenkfeier zum Jahrestag der Geschehnisse in Okakarara
am Waterberg teil. In einer Rede bekannte sie sich zur politischen und moralischen Verantwortung Deutschlands für das
damalige Vorgehen der deutschen Truppen. »Die damaligen
Gräueltaten waren das, was heute als Völkermord bezeichnet
würde«, gestand die Ministerin ein. Die Bundesregierung dis-

tanzierte sich anschließend davon und erklärte, Wieczorek-Zeul habe als Privatperson gesprochen.

2015 übernahm der CDU-Politiker Ruprecht Polenz das Mandat für Verhandlungen mit der namibischen Regierung über ein Versöhnungsabkommen. Nach über fünf Jahren mühsamer Verhandlungen legten die Regierungen von Namibia und Deutschland im Mai 2021 eine gemeinsame Erklärung vor. »Die Bundesregierung erkennt an, dass die in Phasen des Kolonialkrieges verübten abscheulichen Gräueltaten in Ereignissen gipfelten, die aus heutiger Perspektive als Völkermord bezeichnet würden«, heißt es darin. Insgesamt seien Zehntausende von Männern, Frauen und Kindern den deutschen Handlungen zum Opfer gefallen: »Sie wurden erschossen, erhängt, verbrannt, dem Hungertod oder Menschenversuchen ausgesetzt, versklavt, durch Arbeit getötet, missbraucht, vergewaltigt und nicht nur ihres Landes, Eigentums und Viehs beraubt, sondern auch ihrer Rechte und ihrer Würde.« Deutschland bittet in der Erklärung die Nachkommen der Opfer »um Entschuldigung und verneigt sich vor ihnen«.[79] Und erstmals erklärt sich die Bundesrepublik Deutschland auch bereit, umfangreiche Zahlungen für ein »Unterstützungsprogramm für Wiederaufbau und Entwicklung zugunsten der Nachkommen der besonders betroffenen Bevölkerungsgruppen« zu leisten. 1,1 Milliarden Euro über einen Zeitraum von dreißig Jahren sind dafür vorgesehen, zusätzlich zur regulären Entwicklungshilfe. Keine geringe Summe im Vergleich zu den Geldern, die Deutschland nach dem Holocaust im Rahmen des Luxemburger Abkommens an Israel und die Jewish Claims Conference zahlte – damals insgesamt 3,45 Milliarden Mark. Das Geld soll vor allem für

Landkäufe, Infrastruktur, Wasserversorgung und Bildung in jene Regionen Namibias fließen, in denen die Herero und Nama leben. Die Anerkennung eines Rechtsanspruchs und damit verbundene individuelle Entschädigungen lehnt die Bundesregierung nach wie vor ab. Sie vertritt weiterhin den Standpunkt, dass sie rechtlich keine Verantwortung für den Völkermord übernehmen könne, da die betreffende UNO-Konvention ja erst 1948 beschlossen worden sei. Offenbar ist die Angst immer noch groß, dass mit einer solchen Anerkennung international eine Lawine von Forderungen losgetreten werden könnte.

Nicht nur deshalb stieß die Vereinbarung der Regierungen Deutschlands und Namibias unter Vertretern der Herero und Nama auf scharfe Kritik. »Dies genügt nicht für das Blut unserer Ahnen«, erklärte etwa Vekuii Rukoro, der Paramount Chief der Herero. »Wir werden kämpfen, bis zur Hölle und zurück.« Auch Vetumbuavi Mungunda, der ehemalige Chef der Standard Bank Namibia, hält die zugesagte Entschädigungssumme für viel zu niedrig: »Ich kann einfach nicht glauben, wie irgendjemand auf eine solch magere Summe gekommen ist.«[80]

Vor allem stören sich die Herero und Nama daran, dass Deutschland nicht direkt mit ihnen, sondern mit der namibischen Regierung verhandelt hat. Und sie äußern Zweifel, ob die Hilfszahlungen wirklich jemals bei ihnen ankommen und nicht in dubiosen Kanälen versickern werden. So liegt die Unterzeichnung der Erklärung vorläufig auf Eis, und es ist ungewiss, wann es dazu kommen wird – oder ob überhaupt.

Man kann sich auch die Frage stellen, ob man den Wert von Menschenleben überhaupt beziffern kann. Versöhnung ist nicht in erster Linie eine Frage des Geldes. Wichtiger als die Diskussion um angemessene Entschädigungssummen erscheint mir jedenfalls, dass sich Europäer und Afrikaner endlich auf Augenhöhe gegenübertreten. Und die – eigentlich banale – Erkenntnis: Man kann sich für Unrecht und begangene Untaten nicht entschuldigen, man kann nur um Entschuldigung bitten.

Wer über Europas koloniale Verantwortung spricht, darf das Thema Beutekunst nicht aussparen. Dass es sich bei einer Vielzahl der während der Kolonialzeit aus Afrika in europäische Museen gelangten Objekte um Raubgut handelt, wird heute kaum jemand noch bestreiten wollen. Seit Erlangung ihrer Unabhängigkeit in den 1960er-Jahren fordern die afrikanischen Staaten von ihren vormaligen Kolonialherren die Rückgabe der ihnen geraubten Kulturgüter. Jahrzehntelang verweigerten die europäischen Regierungen und Museumsleiter auch nur das Gespräch darüber. Bloß keine Begehrlichkeiten wecken, lautete die Devise. Man versuchte, die Sache auszusitzen oder alle Ansprüche reflexhaft zurückzuweisen mit den immergleichen Argumenten: Die Afrikaner sollten dankbar dafür sein, dass die Europäer die Kulturgüter vor dem Verfall bewahrt und für die Welt gerettet hätten. Hier in Europa seien sie am besten aufgehoben, geschützt und von Experten betreut. Und im Übrigen seien die beanspruchten Objekte ja auf faire und ehrliche Weise von ihren heutigen Besitzern erworben worden.

Alle Welt weiß inzwischen, dass dem meist nicht so war: Die berühmten Benin-Bronzen etwa, deren Präsentation in dem im wiederaufgebauten Preußenschloss eingerichteten Humboldt Forum in Berlin geplant war, stammen aus der

Plünderung der Hauptstadt des einstigen Königreichs Benin an der Südküste des heutigen Nigeria. Mit der Versteigerung der Bronzen finanzierte London seine Strafexpeditionen in den Kolonien. Der Berliner Historiker Götz Aly hat jüngst die Geschichte des Prachtboots von der Insel Luf rekonstruiert – ein weiteres der zentralen Ausstellungsstücke im Humboldt Forum.[81] In immer wiederkehrenden Strafaktionen hatten die deutschen Kolonialtruppen das Volk der Luf fast ausgerottet – ihre Hütten wurden niedergebrannt und ihre Kanus zerstört. Die Kolonialherren stuften die Eingeborenen als primitiv und minderwertig ein; und bemächtigten sich zur gleichen Zeit ihrer Kunst- und Gebrauchsgegenstände. Ein Nachweis, dass die Kulturgüter rechtmäßig erworben wurden, steht – wie auch im Falle des Lufboots – in den meisten Fällen aus. In deutschen ethnologischen Museen lagern schätzungsweise eine Million Objekte aus der Kolonialzeit, deren Provenienz ungeklärt ist. Niemand verlangt, dass Europa über Nacht seine Museen leerräumt, aber dass die Verantwortlichen die Herkunft ihrer Objekte offenlegen, im Zweifelsfall ihren unrechtmäßigen Besitz anerkennen und die Ansprüche nach Restitution herausragender Kulturgüter nicht weiter einfach ignorieren, das darf man wohl erwarten. Inzwischen ist auch hier einiges in Bewegung geraten. Als erstes europäisches Staatsoberhaupt hat Emmanuel Macron sich zur Restitution von während der Kolonialzeit in Afrika geraubter Kunst bekannt. Im Auftrag des französischen Staatspräsidenten entwarf die französische Kunsthistorikerin Bénédicte Savoy zusammen mit ihrem senegalesischen Kollegen Felwine Sarr 2018 den ersten konkreten Aktionsplan zur Rückgabe afrikanischen Kulturguts.[82]

Bei der Debatte darf nicht übersehen werden, dass es den afrikanischen Herkunftsländern dabei keineswegs bloß um Restitution geht, sondern auch um Teilhabe an ihren Kulturschätzen und dem Wissen über sie – und um Mitbestimmung über deren Präsentation. Ich bin mir sicher, dass sich bei Verhandlungen auf Augenhöhe hierbei gemeinsam gute Lösungen finden lassen. So gibt es etwa Vorschläge, die betreffenden Kulturgüter in den europäischen Museen als Leihgabe zu kennzeichnen oder Museen in Partnerschaft zu entwickeln. So könnte aus der Debatte die Chance erwachsen für eine neue Art, miteinander umzugehen.

Vor nicht allzu langer Zeit lief ich in Berlin Unter den Linden, die in der Abendsonne glänzende Kuppel des wiederaufgebauten Schlosses vor Augen, an der Humboldt Universität vorbei und machte an der »Neuen Wache« halt, der zentralen Gedenkstätte der Bundesrepublik Deutschland, mit Käthe Kollwitz' *Pietà* im Zentrum, die ihren im Ersten Weltkrieg gefallenen Sohn beweint. Rechts daneben findet sich eine Tafel, die die von Deutschland betrauerten Opfer von Krieg und Gewaltherrschaft adressiert. Erwähnt werden die Gefallenen der beiden Weltkriege, die in der Heimat, in Gefangenschaft und bei der Vertreibung ums Leben Gekommenen. Namentlich erwähnt werden die im Nationalsozialismus ermordeten Juden, Sinti und Roma, Homosexuellen und psychisch Kranken. Auch diejenigen, die wegen ihrer religiösen oder politischen Überzeugung sterben mussten, finden Erwähnung; ebenso die Frauen und Männer im Widerstand gegen das Dritte Reich und die DDR-Diktatur. Aber die Opfer des deutschen Kolonialismus und der Kolonialkriege in Asien und Afrika sucht man auf dieser Tafel vergebens.

Europa habe vor der menschlichen Gemeinschaft Rechenschaft abzulegen für die Verbrechen und Gräuel, die in Afrika jahrhundertelang von Weißen an Schwarzen verübt wurden, forderte Aimé Césaire im Jahre 1950. Siebzig Jahre später sieht es so aus, als habe die Aufarbeitung des europäischen und deutschen Kolonialismus gerade erst begonnen.

# Kapitel 5

# »Wir sind hier, weil ihr da wart«

## *Schwarz und deutsch*

Es war am 25. Mai 2020, als in den Vereinigten Staaten der Memorial Day zu Ehren der im Krieg gefallenen Soldaten gefeiert wurde und ein Handyvideo, aufgenommen in Minneapolis an der Kreuzung E 38th Street und Chicago Avenue, um die Welt ging. Es zeigt einen weißen Polizisten, der einem auf dem Asphalt liegenden Schwarzen mit vollem Körpergewicht ein Knie auf den Hals drückt, das andere in den Rücken. Immer wieder, insgesamt siebenundzwanzigmal, ruft der mit Handschellen auf dem Rücken Gefesselte: »Please, please … I can't breathe« – »Bitte … bitte … Ich kann nicht atmen«. Zwei weitere Polizisten flankieren auf dem Boden hockend den Einsatz, während ein vierter neben ihnen steht und Passanten zurückhält. »I'm about to die«, presst der am Boden Liegende hervor, »ich sterbe«, und ruft nach seiner Mutter. Dann verstummen die Rufe, und der Gefesselte verliert das Bewusstsein. Einige der Umstehenden versuchen dazwischenzugehen. Doch ununterbrochen hält der Polizeibeamte das Knie auf sein Opfer gedrückt, selbst dann noch, als endlich ein Krankenwagen eintrifft – insgesamt werden es neun Minuten und 29 Sekunden sein.

Die Tötung des 46-jährigen Afroamerikaners George Floyd

am 25. Mai 2020 durch Polizeigewalt löste eine Welle globaler Erschütterungen aus – und die größte schwarze Protestbewegung, die die USA seit der Bürgerrechtsbewegung in den 1960er-Jahren gesehen hat. Damals kämpften die Afroamerikaner um ihre gesetzliche Gleichberechtigung. In den Südstaaten galten noch immer die sogenannten Jim-Crow-Gesetze, die für alle öffentlichen Einrichtungen und weite Bereiche des öffentlichen Lebens eine Rassentrennung für Weiße und Schwarze vorsahen. Dies galt etwa für Schulen und Hochschulen, Krankenhäuser und öffentliche Verkehrsmittel, für Gaststätten, Kinos und Theater, für Schwimmbäder und öffentliche Toiletten. Die Bewegung ins Rollen brachte 1955 die Festnahme von Rosa Parks in Montgomery, Alabama, die sich geweigert hatte, ihren Sitzplatz in einem Bus für einen Weißen zu räumen. Daraufhin boykottierten die afroamerikanischen Bürger über ein Jahr lang die städtischen Busunternehmen. Bald erhob sich überall im Land der Protest der schwarzen Bevölkerung. Mit Sit-ins, Demonstrationen und Aktionen des zivilen Ungehorsams setzten sich die Afroamerikaner für die Aufhebung der Rassentrennung ein. Im August 1963 – hundert Jahre nach der Emanzipations-Proklamation Abraham Lincolns, die die Sklaverei in den Südstaaten abschaffte – brachen 250.000 Schwarze und Weiße zu ihrem »Marsch auf Washington für Arbeit und Freiheit« auf. Als Höhepunkt der Kundgebung vor dem Lincoln Memorial hielt Martin Luther King seine berühmte Rede, in der er an den amerikanischen Traum appellierte: »I still have a dream …« Ein Jahr später wurde die Rassentrennung in allen zivilen Bereichen der USA durch Präsident Lyndon B. Johnson abgeschafft.

Damit war die gesetzliche Gleichstellung formal erreicht, aber die politische und wirtschaftliche Emanzipation ließ weiter auf sich warten. »Black is beautiful« und »Black Power« proklamierte die 1966 entstandene neue Bewegung, für die die emporgereckte schwarzbehandschuhte Faust als Symbol stand. Seitdem ist viel geschehen und erreicht worden – und mit Barack Obama errang sogar erstmals ein Schwarzer das Amt des US-Präsidenten. Und dennoch: Bis heute verdienen Schwarze in den USA weniger als Weiße, werden öfter von der Polizei kontrolliert und landen eher im Gefängnis, wohnen in weniger attraktiven Vierteln, haben eine schlechtere Gesundheitsversorgung und sterben früher als Weiße. All das gilt auch dann, wenn man die größere Armut, das niedrigere Bildungsniveau und die höhere Kriminalitätsrate der schwarzen Bevölkerung aus der Statistik herausrechnet. Die Corona-Pandemie brachte es an den Tag: Das Risiko für schwarze und hispanische US-Amerikaner, sich mit dem Virus zu infizieren, war dreimal so hoch wie für weiße.[83] Und auch die durch die Pandemie ausgelöste Wirtschaftskrise traf die Afroamerikaner weit härter als ihre weißen Mitbürger.

Fast sechzig Jahre nach Martin Luther King erwies sich dessen Traum von der Gleichheit noch immer als unerfüllt. So entfachte der gewaltsame Tod George Floyds in Minneapolis die Wut der Schwarzen im ganzen Land. »I can't breathe«, Floyds letzte Worte, wurde für sie der Slogan für die Beschreibung ihrer eigenen Situation.

Aber nicht nur in Minneapolis, Nashville, Philadelphia, Houston, Los Angeles, Washington, New York und Hunderten anderen amerikanischen Städten, auch in Sydney, Ottawa, Paris, Antwerpen, Brüssel, Amsterdam, London, Bristol, Mailand, Oslo und Wien und anderswo gingen Zehntausende Menschen auf die Straße in Solidarität mit dem schwarzen Amerika, aber auch getrieben von Wut auf die Lage im eigenen Land. In Deutschland gab es große Demonstrationen in Berlin, Hamburg, Düsseldorf und Leipzig. Sie machten zum ersten Mal die Gemeinschaft der Afrodeutschen und Schwarzen in Deutschland für alle öffentlich sichtbar. Und viele »Biodeutsche« wunderten sich darüber, dass es so viele sind. Die schwarze Diaspora in Deutschland umfasst heute schätzungsweise rund eine Million Menschen.[84] Sie setzt sich zusammen aus Afrodeutschen mit deutscher Staatsbürgerschaft, hier lebenden Schwarzen, Expats und Studenten afrikanischer Herkunft – Menschen, die hier geboren sind oder Deutschland zu ihrem Lebensmittelpunkt gemacht haben. Manche von ihnen kommen aus Familien, die schon seit Generationen hier leben und Deutschland als ihre Heimat begreifen.

»We are here because you where there« – »Wir sind hier, weil ihr da wart«: Dieser in Großbritannien unter Migranten aus den ehemaligen britischen Kolonien verbreitete Satz trifft auch auf Deutschland zu, wenn auch in eingeschränkterem Maße. Deutschland besitzt kein Commonwealth wie das Vereinigte Königreich und auch keine *Organisation internationale de la Francophonie* wie die einstige Kolonialmacht Frankreich. Die Zahl der Kolonialmigranten, die einst während Deutschlands gut dreißigjähriger Kolonialzeit nach Deutschland kamen, war überschaubar: Man schätzt ihre Zahl auf einige Tausend. Darunter waren die Söhne regionaler Chiefs und Potentaten oder wohlhabender Familien, die in Deutschland etwa als Handwerker oder Übersetzer ausgebildet wurden. Ihr Aufenthalt wurde von der deutschen Kolonialverwaltung gefördert, da sie als potenzielle Vermittler der deutschen Herrschaft in den Kolonien angesehen wurden. Hinzu kamen die Afrikaner, die für die schon erwähnten Völkerschauen als Vertragsarbeiter engagiert wurden, oft zusammen mit ihren Familien, um in inszenierten Darbietungen ihre »Sitten und Gebräuche« vorzuführen. Dazu zählte auch »Prinz Samson Dido« aus Kamerun, Schwager des Duala König Bell, mit dem das Deutsche Reich 1884 einen »Schutzvertrag« abgeschlossen hatte. Prinz Dido wurde während seines viermonatigen Aufenthalts in Berlin sogar von Kronprinz Friedrich Wilhelm, dem späteren Kaiser Friedrich III., empfangen.

Einige der für die Völkerschauen Angeworbenen blieben in Deutschland – wie etwa Quane a Dibobe. Als Zwanzigjähriger kam der Kameruner 1896 nach Berlin, um als Vertreter der dortigen Kolonie auf der 1. Deutschen Colonial-Ausstellung aufzutreten. Lesen und Schreiben hatte er bereits in seiner Heimat gelernt, in einer Missionsschule, wo er auch getauft wurde und den Vornamen Martin erhielt. Nach dem Ende der Völkerschau absolvierte er eine Schlosserlehre und trat eine Stelle als Zugabfertiger der Berliner Hochbahn an. Als Fahrer der U1, der ersten unterirdischen Bahn im Kaiserreich, wurde er zu einer lokalen Berühmtheit. Er verliebte sich in die Tochter seines Vermieters, aber die Anbahnung der Ehe erwies sich als kompliziert. Das zuständige Standesamt, das Kolonialamt und das Auswärtige Amt stellten sich quer. Erst als die Basler Mission in Kamerun, wo er einst getauft wurde, seine Identität beglaubigte, kam die Trauung zustande. Aus der Ehe gingen zwei Kinder hervor.

1919 – nach dem Sturz des Kaiserreichs und dem Ende von Deutschlands kolonialen Besitztümern – nutzte er seine Prominenz, um eine Petition an die Weimarer Nationalversammlung zu richten. Zusammen mit siebzehn weiteren Afrodeutschen forderte er darin Bürgerrechte für alle Menschen aus den deutschen Kolonien. Denn die Einbürgerung war den meisten Afrikanern aus den Kolonien bislang verwehrt geblieben. Während Frankreich die Vergabe seiner Staatsangehörigkeit an Einheimische aus seinen Kolonien liberal handhabte, agierte Deutschland äußerst restriktiv. Bis 1914 verlieh das Deutsche Reich lediglich achtundsechzig Einheimischen aus seinen Kolonien die Reichsangehörigkeit und damit die volle Gleichberechtigung.[85]

Der Verlust der deutschen Kolonien veränderte auch die Lage der Afrikaner und ihrer Familien in Deutschland. Nach dem Versailler Vertrag sollten »Angehörige der ehemaligen Schutzgebiete« Deutschlands, die sich außerhalb dieser Gebiete aufhielten, automatisch zu Bürgern des jeweiligen Mandatslandes werden, dem die Kolonie zugeschlagen wurde. Für die meisten Afrikaner in Deutschland war dies keine Option. Sie hatten in Deutschland Fuß gefasst, Familien gegründet und sprachen Deutsch, aber nicht Englisch oder Französisch. So auch Martin Dibobe, der sich inzwischen so deutsch fühlte, dass er sogar für Deutschlands Wiedererlangung der afrikanischen Kolonien eintrat. »Gegen den Raub der Kolonien, sowie Unterstellungen derselben unter Herrschaft der Engländer und Franzosen erheben die hier lebenden Eingeborenen aus Kamerun sowie Ostafrika den schärfsten Protest«, erklärten Dibobe und seine Mitstreiter in einem die Petition begleitendem Schreiben an die deutsche Regierung, und sie versicherten ihr »unsere ganze Hingabe ebenso unsere unverbrüchliche, feste Treue hier, sowohl auch der Eingeborenen in der Heimat«. Gleichzeitig forderten sie »Selbständigkeit und Gleichberechtigung, wie es jetzt in der neuen sozialen Republik in Deutschland eingeführt ist«: »Wir verlangen, da wir Deutsche sind, eine Gleichstellung mit denselben«.[86]

Von Gleichstellung waren aber die Afrodeutschen auch in der Weimarer Republik weit entfernt. Die wirtschaftliche Depression der Zwanzigerjahre traf auch sie hart. Viele verloren ihre Arbeit – so auch Martin Dibobe, der sich an Arbeiterdemonstrationen beteiligte und keinen Hehl daraus machte, dass er den Sozialdemokraten nahestand. 1922 verließ er Deutschland Hals über Kopf, ohne seine Familie, und heuerte auf einem Dampfer nach Kamerun an. Im Hafen von Duala verweigerten die Franzosen ihm die Einreise. Die neuen Machthaber Kameruns befürchteten, er könne dort einen Aufstand anzetteln. Dibobe reiste dann weiter nach Liberia, wo sich seine Spur verliert.

Deutschland hatte nach seiner Niederlage im Ersten Weltkrieg nicht nur seine Kolonien verloren, es war zu einem teilweise besetzten Land geworden. Mit den französischen Besetzungstruppen kamen auch afrikanische Kolonialsoldaten ins Rheinland. Von den dort stationierten rund 80.000 Besatzungssoldaten waren fast die Hälfte Afrikaner – Algerier, Marokkaner, Westafrikaner, Tunesier und Madegassen. Sie wurden zur Zielscheibe einer Kampagne mit dem Schlagwort »Schwarze Schmach« oder »Schwarze Schande«, die vor allem von den Gegnern der Republik auf der äußersten Rechten befeuert wurde. Dabei wurden den Soldaten massenhafte Gewalttaten gegen deutsche Frauen und Kinder unterstellt. In Artikeln, Flugblättern, Pamphleten und Reden auf Demonstrationen und politischen Veranstaltungen ergossen sich die Schmähungen über die dunkelhäutigen Soldaten. Von »wilden Horden aus Afrika« und »schwarzen Bestien« war die Rede, die mit »lüsternen Blicken« und »tierischen Gelüsten« deutschen Frauen nachstellten. Auch wurde ihnen die Verbreitung von Krankheiten wie Typhus, Ruhr, Pest und Cholera unterstellt. In München gründete sich gar ein »Deutscher Notbund gegen die Schwarze Schmach«.

Aber auch Regierungsvertreter stimmten in den Chor ein. So entrüstete sich Reichskanzler Friedrich Ebert über »Senegalneger« im Goethehaus, und der ebenfalls sozialdemokratische Außenminister Adolf Köster prangerte im Reichstag »die Verpflanzung von ungefähr 50.000 schwarzen, fremdrassigen Truppen und Menschen nach Europa in das Herz des weißen Europa« als »ein Vergehen an Gesamteuropa« an.[87]

Plakate und Karikaturen – wie etwa auf dem Titel der satirischen Zeitschrift *Kladderadatsch* – zeigten einen Gorilla mit französischer Militärmütze und Tornister, eine wehrlose marmorweiße entblößte Frau in seinen Pranken, versehen mit der Unterzeile »Schwarzer Terror in deutschen Landen«.[88] Neben der »Schwarzen Schmach« wurde aber auch die »Weiße Schmach« der Frauen angeprangert, die sich den Schwarzen freiwillig hingaben. Sie kannten, so der Vorwurf, »keine Kaste, kein Vaterland, keinen Stand« – und würden »Rassen- und Blutschande« begehen.[89] Die Kinder, die aus Verbindungen von schwarzen Soldaten mit deutschen Frauen hervorgingen, hatten es nicht leicht. Sie wurden verächtlich »Rheinlandbastarde« genannt. Die Kampagne hatte aber auch Folgen für die schon seit längerem in Deutschland ansässigen Afrikaner, auch sie waren zunehmend Anfeindungen ausgesetzt.

Dies alles war aber nur ein Vorspiel dessen, was sich in der Zeit zwischen 1933 und 1945 zutrug. Neben Juden, Sinti und Roma und anderen Volksgruppen galten den Nationalsozialisten auch Schwarze als »rassisch minderwertig« und wurden verfolgt. Nun verloren auch die Afrikaner, die eingebürgerte Deutsche waren, ihre Pässe. Reisen ins Ausland waren kaum mehr möglich, was besonders für die Afrodeutschen, die in Musikkapellen, im Varieté, Zirkus oder im Film beschäftigt waren, fatal war. Später kamen Arbeitsverbote, regelmäßige Meldepflichten und andere Willkürmaßnahmen hinzu. Eine Nische für viele Schwarze in Deutschland bot die Filmindustrie. In Filmen wie *Münchhausen* mit Hans Albers und *Quax in Afrika* mit Heinz Rühmann kamen Hunderte von schwarzen Komparsen zum Einsatz. Das Bild, das dabei von den Schwarzen gezeichnet wurde, entsprach den Stereotypen, wie man sie seit Jahrhunderten kannte. Für die Afrika-Szenen im *Quax*-Film, die in Brandenburg gedreht wurden, hatte man als Kulisse einige Palmen aus dem Botanischen Garten herbeigeschafft; und die »Wilden« wurden von Afrodeutschen gespielt. »Die sächsischen Schwarzen, die sprachen natürlich ein besonders schönes Sächsisch«, erinnerte sich die Schauspielerin Bruni Löbel.[90] Hans Albers verkörperte auch die Titelpartie in *Carl Peters*, einer filmischen Verklärung des berüchtigten Gründers von Deutsch-Ostafrika.

Die Engagements in den »staatspolitisch wertvollen« Kolonialfilmen der NS-Propaganda sicherten den afrodeutschen Darstellern und ihren Angehörigen das Überleben. Nicht wenige Afrikaner und Afrodeutsche wurden unter dem Regime der Nationalsozialisten zu Zwangsarbeit verschleppt, sterilisiert und in Konzentrationslager gebracht. Historiker schätzen die Zahl der in Konzentrationslagern ermordeten Menschen afrikanischer Herkunft auf etwa zweitausend. Wie viele es genau waren, lässt sich nur mutmaßen, es gibt hierzu kaum gesicherte Quellen. Hinzu kommen die Opfer der im Zweiten Weltkrieg in Kriegsgefangenenlagern internierten Afroamerikaner und der afrikanischen Soldaten in den französischen, belgischen und britischen Kolonialtruppen.[91]

Gründe für eine Verschleppung ins KZ waren etwa der Vorwurf der Sabotage oder als »Rassenschande« titulierte Beziehungen zu Deutschen. Denn was einstmals in den Kolonien galt, war nun im Deutschen Reich Gesetz: »Mischehen« zwischen Schwarzen und Weißen waren verboten. Relativ gut dokumentiert ist das Schicksal der als »Rheinlandbastarde« verunglimpften schwarzen Mädchen und Jungen. Listen über sie wurden bereits während der Weimarer Republik angefertigt. 1937 wurden die Kinder mit »Mischabstammung« systematisch erfasst, um sie – koordiniert von der Gestapo – zwangsweise zu sterilisieren. Vierhundertsechsunddreißig schwarze deutsche Sterilisationsopfer sind in den Akten vermerkt, Historiker gehen von bis zu achthundert Betroffenen aus.[92]

Das Ende des Zweiten Weltkriegs markierte nicht nur in Deutschland eine Zäsur. Der Abschied von der Ära des Kolonialismus setzte weltweit eine große Wanderungsbewegung in Gang, die auch die westeuropäischen Gesellschaften fundamental veränderte. Schätzungen zufolge kamen in Verbindung mit der Dekolonisation zwischen 1950 und 1980 zwischen fünf und acht Millionen Menschen aus Afrika und

Asien nach Europa. Die größte Gruppe umfasst die Menschen aus den ehemaligen Kolonien, die sich in Europa eine neue Perspektive erhofften. Hinzu kamen aus Europa stammende Militärs, Siedler, Verwaltungsbeamte, Lehrer oder Missionare, die die Länder, in denen sie arbeiteten, verlassen mussten oder wollten. Aber auch Einheimische, die in den kolonialen Hilfstruppen die jeweilige Kolonialmacht unterstützt hatten und dafür angegriffen wurden, gehören dazu.

Den zahlenmäßig größten Zuzug erlebten die abtretenden Kolonialmächte Großbritannien und Frankreich.[93] In Großbritannien trafen ab Ende der 1940er-Jahre zunächst vor allem Menschen aus den vormaligen Kolonien in der Karibik wie etwa Jamaika, Haiti, Barbados oder Trinidad und Tobago ein. Ab Mitte der 1950er-Jahre gewann die Einwanderung aus Indien und Pakistan immer mehr an Bedeutung. Viele der indisch- oder pakistanischstämmigen Familien bauten sich eigene Existenzen auf. Die Zeitungsgeschäfte, Imbissrestaurants, Reinigungen oder Kleiderläden, die sie betreiben, sind aus dem Stadtbild Londons nicht mehr wegzudenken. Heute umfasst die indische Diaspora in Großbritannien rund 700.000 und die pakistanische rund 500.000 Menschen. Die Zahl der Afro-Caribbeans wird auf rund 600.000 geschätzt.

Frankreich nahm seit den 1950er-Jahren verstärkt Arbeitskräfte aus Nordafrika auf. Im Zuge des Algerienkrieges und der darauffolgenden Unabhängigkeit des Landes wanderten rund eine Million Algerienfranzosen aus dem nordafrikanischen Land nach Frankreich ein. Fast zwei Drittel von ihnen siedelten sich zunächst in Marseille an. Dazu kamen noch über 90.000 sogenannte *Harkis*, algerische Muslime, die während des Algerienkriegs an der Seite der Franzosen in kolonialen Hilfstruppen kämpften und dafür in ihrer Heimat angefeindet und verfolgt wurden.

Nach dem späten Ende der portugiesischen Kolonien gelangte in den Jahren 1973 und 1974 rund eine halbe Million *Retornados* aus Übersee nach Portugal, vor allem aus Angola und Mosambik. Sie machten Mitte der 1970er-Jahre rund sechs Prozent der portugiesischen Bevölkerung aus. In die Niederlande wanderten zwischen 1945 und 1963 rund 300.000 Menschen aus dem unabhängig werdenden Indonesien ein, darunter 12.000 Südmolukker, die kolonialen Hilfstruppen angehörten. Belgien wiederum erlebte zunächst nur wenig Zuzug aus seinen ehemaligen Kolonien Kongo und Ruanda-Urundi. Erst nach dem Völkermord 1994 in Ruanda und dem Sturz des Diktators Mobutu in Zaire, wie der Kongo bis zu Mobutus Entmachtung 1997 hieß, wuchs die Zahl der in Belgien lebenden Afrikaner stark an. Heute leben dort rund 250.000 Menschen mit einem familiären Hintergrund in diesen Ländern, davon 50.000 in der Hauptstadt Brüssel.

In Deutschland, das die Verbindung zu seinen einstigen Kolonien verloren hatte, stellte sich die Situation anders dar. Die Bundesrepublik bezog ihren wachsenden Bedarf an Arbeitskräften in den 1950er- und 1960er-Jahren vor allem aus Italien, der Türkei und Griechenland. Der Begriff »Gastarbeiter« signalisierte, dass der Aufenthalt der angeworbenen ausländischen Arbeitskräfte als vorübergehend angesehen wurde – eine Integration in die deutsche Gesellschaft wurde nicht angestrebt. Größere schwarze Gemeinschaften waren in der frühen Nachkriegszeit in Deutschland immer noch eine Seltenheit, die meisten afrodeutschen Familien waren auf sich allein gestellt. Und auch nach dem Ende des Nationalsozialismus waren die Vorbehalte gegenüber schwarzen Deutschen groß. Zu spüren bekamen dies insbesondere die sogenannten *Brown Babies*, die aus der Verbindung von schwarzen Soldaten der in Deutschland stationierten US-Armee mit deutschen Frauen hervorgingen. Sie und ihre Mütter waren vielfach Anfeindungen ausgesetzt. Die krude Vorstellung, dass »Rassen« sich nicht mischen sollten, war immer noch weit verbreitet. »Eine besondere Gruppe unter den Besatzungskindern bilden die 3093 Negermischlinge, die ein menschliches und rassisches Problem besonderer Art darstellen«, erklärte die CDU-Abgeordnete Luise Rehling im März 1952 in einer Debatte des Deutschen Bundestags. »Die verantwortlichen Stellen der freien und behördlichen Jugendpflege haben sich bereits seit Jahren Gedanken über das Schicksal dieser Mischlingskinder gemacht, denen schon allein die klimatischen Bedingungen in unserem Lande nicht gemäß sind. Man hat erwogen, ob es nicht besser für sie sei, wenn man sie in das Heimatland ihrer Väter verbrächte.«[94]

Das waren keine leeren Worte: Auf die unverheirateten Mütter wurde Druck ausgeübt, ihre »Mischlingskinder« – wie sie genannt wurden – ins Heim oder zur Adoption freizugeben. Mehrere tausend Kinder wurden in die USA, nach Dänemark, Schweden oder Holland verschickt. Die Mütter mussten eine Einwilligungserklärung zur anonymen Adoption unterschreiben, und es war ihnen verwehrt, nach dem Verbleib ihres Kindes zu forschen oder Kontakt mit ihm aufzunehmen.

Gleichwohl gelangten über die Jahrzehnte hinweg zahlreiche Afrikaner in die Bundesrepublik, viele von ihnen, um zu studieren. Auch ich kam 1968 im Alter von zwanzig Jahren zunächst als Student hierher. Die Äthiopier, die damals im Rhein-Main-Gebiet lebten, kannte ich allesamt mit Namen, es waren ja auch nur ein paar Handvoll. Einmal im Monat kamen wir alle zusammen, aßen äthiopisch und hörten Musik aus unserer Heimat. Und als mir nach dem Sturz Haile Selassies und der Errichtung einer sozialistischen Diktatur in meinem Heimatland der Pass entzogen wurde, wurde ich zum ersten Äthiopier, der ausgebürgert wurde. Daraufhin habe ich in Deutschland einen Antrag auf politisches Asyl gestellt. Dabei hatte ich gegenüber vielen anderen aus Afrika ins Land Gekommenen einen großen Vorteil: Als Absolvent der Deutschen Schule in Addis Abeba beherrschte ich bereits die deutsche Sprache; und da ich von deutschen Lehrerinnen und Lehrern unterrichtet worden war, war mir auch die deutsche Kultur schon einigermaßen vertraut – bis hin zur Tradition des rheinischen Karnevals. Leicht wurde es keinem gemacht. Wie für alle Migranten und ihre Familien stellte insbesondere die Einbürgerung eine große Hürde dar. Galt doch in Deutschland immer noch wie zu Kaisers Zeiten das Abstammungsprinzip, demzufolge nur der Deutscher sein konnte, dessen Eltern bereits Deutsche waren. Erst im Jahr 2000 sollte es reformiert und durch das Geburtsortprinzip ersetzt werden.

Auch in der DDR gab es einen schwarzen Bevölkerungsanteil. Hier warb der Staat Zehntausende Vertragsarbeiter aus »sozialistischen Bruderstaaten« an. Etwa zwei Drittel davon kamen aus Vietnam, die meisten anderen aus afrikanischen Ländern wie Angola und Mosambik. Auch aus Kuba wanderten 30.000 Vertragsarbeiter ein, darunter zahlreiche Afrokubaner. Die ausländischen Arbeiter wohnten während ihres Aufenthalts in eigenen Wohnheimen, abgetrennt von der heimischen Bevölkerung. Und obwohl die DDR-Spitze nicht müde wurde, die antifaschistische Freundschaft der Völker herauszustellen, bekamen auch sie viel Ablehnung zu spüren. Nach dem Fall der Mauer wurden die Verträge beendet und die meisten Vertragsarbeiter in ihre Herkunftsländer zurückgeschickt.

Ähnliches gilt für die sogenannten DDR-Kinder von Namibia. Die DDR sah sich als Unterstützerin des Befreiungskampfs der namibischen SWAPO (Südwestafrikanische Volksorganisation) gegen das südafrikanische Besatzungsregime. Zahlreiche Namibier, die in die Nachbarländer Angola, Botsuana, Sambia und Simbabwe geflohen waren, fanden dort Zuflucht in von der SWAPO organisierten Flüchtlingslagern. 1979 erklärte sich die Regierung der DDR bereit, Kinder aus diesen Lagern aufzunehmen. Einige von ihnen waren Kriegswaisen, andere wurden von SWAPO-Funktionären gezielt ausgewählt. So gelangten zwischen 1979 und 1988 insgesamt vierhundertdreißig namibische Kinder nach Ostdeutschland.

Dabei ging es aber nur vordergründig um humanitäre Hilfe. Die DDR sah in der Aufnahme eine politische Unterstützung für den weltweiten sozialistischen Befreiungskampf. Ziel war es, eine Elite für die namibische Befreiungsarmee SWAPO heranzubilden. Die Kinder wurden von deutschen Erzieherinnen unterrichtet und lernten Deutsch wie ihre Muttersprache. Dennoch wurden sie nach dem Fall der Berliner Mauer im August 1990 nach Namibia, das gerade seine Unabhängigkeit erlangt hatte, zurückgeschickt. Sie kehrten in ein Land zurück, das ihnen unbekannt war.[95] Die »Oshi-

Deutschen«, wie sie genannt wurden, organisierten sich in Windhoek in dem Verein »Freundeskreis Ex-DDR (FeD)«. Ihr »Oshi-Deutsch«, in dem sie sich bis heute verständigen, ist eine Mischung aus Deutsch, Englisch und der Bantu-Sprache Oshivambo.[96]

Viele Afrodeutsche, mit denen ich zur Vorbereitung dieses Buches gesprochen habe, erzählten mir eine ähnliche Geschichte: Sie wurden hier geboren, Deutschland ist ihre Heimat, und dennoch fühlten (und fühlen) sich viele fremd im eigenen Land. Wenn sie auf dem Land oder in einer Kleinstadt aufwuchsen, waren sie oft die einzigen Schwarzen weit und breit. Dass sie anders waren und nicht selbstverständlich dazugehörten, stellten sie irgendwann in ihrer Kindheit oder frühen Jugend fest. Fast alle von ihnen sind als Heranwachsende mit dem »N-Wort« konfrontiert worden, nicht nur einmal. Einer erzählte mir, dass ihm ein Mitschüler die Frage stellte: »Hast du dich mit Schlamm eingeschmiert?« Ein anderer, der in der Fußballmannschaft seiner Schule kickte, berichtet, dass ihm während eines Spiels zugerufen wurde: »Hast du früher in Afrika Zebras gejagt?« Afrodeutsche Frauen erzählen von der Erfahrung, dass ihnen von Fremden ungefragt ins Haar gefasst wurde – und dies nicht nur während ihrer Kinder- und Jugendzeit, sondern auch noch, als sie längst erwachsen waren, etwa beim Besuch einer Bar oder in der Disco. Pflegemittel und Shampoos für ihr Haar suchten sie in den hiesigen Drogerien lange vergebens.

Eine Erfahrung ist allen gemein: Wenn in der Schule das Thema Afrika auf dem Lehrplan stand, richteten sich die versammelten Blicke der Mitschüler und des Lehrers auf sie: Ihre Meinung dazu war gefragt, auch wenn sie noch nie in ihrem Leben dort gewesen waren und die weiteste Reise, die sie jemals unternommen hatten, nach Mallorca geführt hatte. Afrika – das war im Schulunterricht der Kontinent der Kriege, Krisen, Krankheiten und Hungersnöte, nichts, womit sich irgendjemand identifizieren wollte. Und wenn im Geschichtsunterricht vom Kolonialismus der Europäer die Rede war, ging es meist um Großbritannien oder Frankreich; die deutsche Kolonialzeit spielte, wenn überhaupt, nur eine untergeordnete Rolle. Sie alle haben in ihrem Leben hundert- und tausendfach die Frage gehört: »Woher kommst du?«; und hundert- und tausendmal in das offenkundig mit der Antwort unzufriedene Gesicht ihres Gegenübers geblickt, wenn sie entgegneten: »Aus Deutschland.« Sie berichten davon, dass sie es schwerer hatten, eine Wohnung zu finden, als ihre weißen Kommilitonen und Arbeitskollegen. Und dass sie, wenn sie einen Namen haben, der deutsch klingt, und die erste Hürde der Bewerbung genommen haben und zum Vorstellungsgespräch eingeladen werden, die überraschte Reaktion hören: »Ach, das hätte ich nicht gedacht, dass Sie schwarz sind.« Sie erzählen von der befreienden Erfahrung, als sie das erste Mal in London oder New York waren und sich dort fühlen konnten wie jeder und jede andere. Dort fielen sie allenfalls durch die Farbe ihrer Handtasche oder ihrer Jacke auf, nicht aber durch ihre Hautfarbe.

Viele erzählten mir, dass ihnen in ihrer Kindheit und Jugend eine schwarze Gemeinschaft fehlte, in der sie sich über ihre Erfahrungen austauschen konnten. Sie hatten für sich und ihresgleichen auch gar keinen Namen. Von den meisten Deutschen wurden sie, wenn sie einen weißen Elternteil hatten, immer noch als »Mischlinge« bezeichnet, die DDR nannte sie offiziell »Farbige«. Die Selbstbezeichnung »Afro-deutsche« – in Analogie zu »Afroamerikaner« – kam erst in den 1980er-Jahren in Umlauf. Und es fehlte ihnen an Vorbildern von schwarzen Deutschen, die es geschafft hatten – zu denen sie aufschauen und an denen sie sich orientieren konnten.

Solche prominenten Vorbilder gab es allenfalls im Sport. Zu ihnen gehörte etwa Erwin Kostedde, der 1974 als erster Schwarzer in der deutschen Fußballnationalmannschaft spielte. Erwin Kostedde kam 1946 als Sohn eines US-amerikanischen GIs und einer deutschen Hausfrau in Münster zur Welt. Seinen Vater hat er nie kennengelernt, er wuchs zusammen mit sechs weißen Geschwistern auf. Auch er berichtet von den Diskriminierungserfahrungen in seiner Kindheit: »Als ich Kind war, gab es keine Schwarzen in meiner Umgebung … Ich galt als Makel. Wenn wir zu Hause Besuch hatten, haben die Leute gesagt: ›Wer ist das denn? Wo habt ihr den denn gekauft?‹ Das merkt man sich ein Leben lang.«[97] Das Fußballspielen gab ihm Halt und Selbstbewusstsein. Bekannt wurde er als Stürmer bei Kickers Offenbach, wo er den Spitznamen »Schwarzer Bomber« erhielt, später spielte er bei Hertha BSC, Borussia Dortmund und Werder Bremen.

Heute sind schwarze Spieler in den Vereinen der Bundesliga und der Nationalmannschaft ein alltäglicher Anblick. Gerald Asamoah, der als Kind aus Ghana nach Deutschland kam, kickte von 2001 bis 2005 für die Nationalelf. Ihm folgte Jérôme Boateng, ebenfalls mit ghanaischen Wurzeln, der 2014 in Brasilien im deutschen Team sein Land zur Weltmeisterschaft führte. Der Kader der Nationalelf der vergangenen Europameisterschaft 2021 zählte mit Serge Gnabry,

Jamal Musiala, Antonio Rüdiger und Leroy Sané sogar vier Spieler mit afrikanischen Wurzeln.

Erwin Kostedde, Gerald Asamoah, Leroy Sané und viele andere Afrodeutsche und schwarze Menschen in Deutschland haben sich nicht unterkriegen lassen und ihren Weg gemacht. Sie arbeiten längst nicht mehr nur im Showbusiness und im Sport, sondern in den unterschiedlichsten Berufen – als Ärzte, Wissenschaftlerinnen, Unternehmer, Anwältinnen, Architekten, Journalistinnen, Literaturkritiker und Schriftstellerinnen. Mit Janina Kugel, die nicht über die Herkunft ihrer Eltern spricht, hat es eine Frau mit afrikanischen Wurzeln in den Vorstand eines DAX-Unternehmens geschafft.

Und auch in der Politik sind sie inzwischen angekommen. Im September 2013 zogen erstmals zwei Afrodeutsche in den Bundestag ein: der Schauspieler Charles M. Huber, der in München geboren wurde und einen senegalesischen Vater hat, für die CDU; und Karamba Diaby, der 1985 als Stipendiat aus dem Senegal in die DDR kam und als Geoökologe über deutsche Schrebergärten promovierte, für die SPD. An seinem ersten Tag als Abgeordneter, erzählt er, habe ihm die Kassiererin in der Bundestagskantine zugerufen: »Nein, Sie nicht!« Aus seiner Hautfarbe schloss sie, er gehöre zum Putzpersonal.[98] Das sollte ihm aber kein zweites Mal passieren. In der 2021 zu Ende gehenden Legislaturperiode war er unter 709 Abgeordneten im Deutschen Bundestag der einzige Afrodeutsche. Als erste Afrodeutsche wurde 2019 die Grünen-Politikerin Pierrette Herzberger-Fofana ins Europaparlament gewählt. In Mali geboren und aufgewachsen im Senegal, kam sie einst nach Deutschland, um in Erlangen zu promovieren. Heute ist sie im Europaparlament eine von fünf schwarzen Frauen. Im Landtag von Schleswig-Holstein sitzt die Grünen-Politikerin Aminata Touré. Sie wurde in Münster in einem Flüchtlingsheim geboren, ihre Eltern waren aus Mali geflohen. 2019 wurde sie mit sechsundzwanzig Jahren zur jüngsten Landtagsvizepräsidentin in der deutschen Geschichte.[99]

Die Schwarzen in Deutschland und Afrodeutschen können sich inzwischen – anders als jene, die in früheren Zeiten in Deutschland aufwuchsen – auf ein Netz von Vereinen und Initiativen stützen, die ihre Interessen vertreten, wie etwa die ISD (Initiative Schwarzer Menschen in Deutschland) und ihre Schwesterorganisation ADEFRA (Afro-deutsche Frauen/Schwarze Frauen in Deutschland). Die Organisationen sind Anlaufstellen, intervenieren bei Fällen von Diskriminierung, unterstützen Opfer und beziehen Stellung gegenüber der Öffentlichkeit. In dem bundesweiten Netzwerk TANG (The African Network of Germany) haben sich achthundert Vereine und Einzelpersonen mit afrikanischem Hintergrund zusammengeschlossen. Das Afro-Deutsche Akademiker-Netzwerk ADAN in Frankfurt am Main bringt afrodeutsche und afrikanische Studenten, Auszubildende und Akademiker zusammen und bietet Mentoring-Programme an. Auch das hat dazu geführt, dass immer mehr Afrodeutsche in Wirtschaft und Gesellschaft in führende Positionen gelangen und öffentlich sichtbar werden – als Teil der deutschen Gesellschaft.

»Black Lives Matter« – »Schwarze Leben zählen«: Das demonstrieren heute Tag für Tag über eine Million Afrodeutsche und schwarze Menschen in ihrem deutschen Alltag.

# Kapitel 6
# Mückenstiche, Süßkartoffeln und Bleichgesichter

*Im Unterholz der Rassismusdebatte*

In den vergangenen Jahrzehnten hat sich die deutsche Gesellschaft für alle sichtbar verändert. Deutschland ist vielfältiger und bunter geworden. Dazu trägt nicht nur die wachsende schwarze Gemeinschaft im Land bei. Gegenwärtig haben 21,2 Millionen und damit 26 Prozent der Bevölkerung einen sogenannten Migrationshintergrund – das heißt, dass sie selbst oder mindestens ein Elternteil nicht mit deutscher Staatsangehörigkeit geboren wurden.[100] Die meisten von ihnen sind als Arbeitsmigranten nach Deutschland gekommen, in der Mehrzahl aus anderen europäischen Ländern. Über eine Million Menschen kamen seit 2015 als Flüchtlinge ins Land. Sie gehören den unterschiedlichsten Religionen an – sie sind Christen, Moslems, Juden, Angehörige orthodoxer Kirchen, Hindus, Buddhisten, Shintoisten und vielerlei mehr; und für manche von ihnen spielt Religion überhaupt keine Rolle.

Das Zusammenleben ist – wie könnte es anders sein – nicht immer einfach. Die Menschen mit Migrationsgeschichte fordern von der Mehrheitsgesellschaft Anerkennung, Chancengleichheit und Teilhabe ein; viele beklagen sich über Diskriminierung und Benachteiligung. Auf der anderen Seite fühlen sich manche »Biodeutsche« überfordert angesichts dieses Anspruchs auf Teilhabe. Sie haben Angst vor einer möglichen »Überfremdung« und fürchten, sie könnten ins Hintertreffen geraten. Bei den Umfragen der Forschungsgruppe Wahlen zu den »wichtigsten Problemen« in Deutschland rangierte seit der Flüchtlingskrise 2015 der Komplex »Ausländer/Integration/Flüchtlinge« verlässlich an vorderster Stelle, bis er 2019 und 2020 von den Themen »Umwelt/Klima/Energiewende« und »Corona« abgelöst wurde.[101] 2017 zog mit der AfD eine Partei in den Bundestag ein, die die Eindämmung von Migration und Zuwanderung zu einem der Hauptthemen ihrer Wahlkämpfe machte. Im Wahlprogramm der AfD zur Bundestagswahl 2021, das unter der Überschrift »Deutschland. Aber normal« steht, heißt es: »Die AfD bekennt sich dazu, die kulturelle Identität Deutschlands zu wahren.« Sie fordert die Abkehr von einer europäisch koordinierten Zuwanderungspolitik und »internationalen Vereinbarungen, die allesamt eine linksextreme ›One-world-Utopie‹ verfolgen«. Sie will Zuwanderung nach dem Vorbild Japans national regeln und – so wörtlich – das »Asylparadies Deutschland schließen«. Humanitäre Aufnahme soll nur noch »für vom Bundestag ausgewählte, besondere schutzbedürftige Personen« gewährt werden, »für deren Auswahl ein mit der deutschen Werte- und Gesellschaftsordnung vereinbarer kultureller und religiöser Hintergrund ein wichtiges Kriterium ist«. Zu nichtstaatlichen Integrationsprojekten heißt es: »Das Profitgeschäft von NGOs und Wohlfahrtsverbänden ist zu beenden.« Und bei der Erlangung der Staatsangehörigkeit will sie das Geburtsortprinzip, dem zufolge Deutscher ist, wer in Deutschland geboren wurde, wieder abschaffen und zum alten Abstammungsprinzip zurückkehren.[102]

Artikel 3 des Grundgesetzes legt fest, dass kein Mensch aufgrund »seines Geschlechtes, seiner Abstammung, seiner Rasse, seiner Sprache, seiner Heimat und Herkunft, seines Glaubens, seiner religiösen und politischen Anschauungen« oder »seiner Behinderung« benachteiligt werden darf. Ein hehrer Anspruch, aber wie sieht die Wirklichkeit aus? Wie rassistisch ist die deutsche Gesellschaft? Nicht erst seit dem Tod George Floyds in den USA und den »Black Lives Matter«-Demonstrationen wird um diese Frage auch hierzulande heftig gestritten. Die Liste der Vorfälle von Anschlägen auf Menschen mit Migrationsgeschichte im vereinigten Deutschland ist lang und bestürzend. Sie reicht von den Angriffen gegen vietnamesische und mosambikanische Vertragsarbeiter in Hoyerswerda im Herbst 1991, den Brandanschlägen in Mölln 1992 und Solingen 1993 über die jahrelange Mordserie der Terrororganisation Nationalsozialistischer Untergrund, der neun Menschen mit türkischen und griechischen Wurzeln und eine Polizistin zum Opfer fielen, bis hin zu den immer wiederkehrenden Angriffen auf Flüchtlingsunterkünfte seit 2015 – über zweitausend solcher Attacken mit rechtsextremem Hintergrund auf Ausländerheime zählte das Bundeskriminalamt allein in den Jahren 2015 und 2016.[103] Im Februar 2020 erschütterte der Terroranschlag in Hanau das Land, bei denen neun Hanauer mit Migrationshintergrund getötet wurden.

Neben diesen tätlichen Angriffen gibt es die vielen verbalen Anfeindungen, denen Menschen hierzulande auch heute noch ausgesetzt sind, nur weil sie anders aussehen. Die machen auch vor Prominenten nicht halt. Gerald Asamoah berichtet von den Anfeindungen, die er und andere schwarze Spieler im Stadion erlebten: »Bis heute kann ich mich nicht von den Bildern aus dem Stadion in Cottbus befreien, 1997. Das war einfach der pure Hass, den wir Schwarzen auf dem Platz erlebten. Wir schauten in hassverzerrte Gesichter von Fans, die nur eine Botschaft hatten: Wir wollen euch hier nicht haben. Wir wurden mit Bananen beschmissen. Ich war auch schon vorher beleidigt worden, aber ein solches Ausmaß an Wut habe ich noch nicht erlebt.«[104] »Der Rassismus im Fußball ist meines Erachtens schlimmer geworden«, erklärte im Sommer 2020 der afrodeutsche Nationalspieler Antonio Rüdiger, der sich selbst immer wieder im Stadion rassistischen Beleidigungen ausgesetzt sieht.[105] Auch der Politiker Karamba Diaby registriert eine allgemeine Verrohung, die den gesellschaftlichen Zusammenhalt bedroht. Regelmäßig erhält er anonyme Drohbriefe, Hassmails und sogar Morddrohungen. Im Januar 2020 wurde sogar sein Abgeordnetenbüro beschossen, das sich im Stadtzentrum von Halle befindet.[106] Die Grenzen dessen, was öffentlich sagbar ist, haben sich verschoben. Dazu haben das Internet und die neuen sozialen Medien ihren Teil beigetragen: Im Schutz der Anonymität lassen sich Beschimpfungen und Beleidigungen mühelos verbreiten, ohne dass die Täter irgendwelche Konsequenzen fürchten müssen.

Die Opfer derartiger Angriffe und Beleidigungen macht es wütend, wenn die weiße Mehrheitsgesellschaft darauf mit Achselzucken reagiert und ihnen erklärt, das wäre alles doch nicht so schlimm, und sie sollten doch nicht so wehleidig sein. Gleichzeitig ist aber auch das öffentliche Bewusstsein für Alltagsrassismus und Diskriminierung in den letzten Jahren immer mehr gewachsen. Laut der »Mitte-Studie«, die das Institut für Interdisziplinäre Konflikt- und Gewaltforschung der Universität Bielefeld im Auftrag der Friedrich-Ebert-Stiftung Jahr für Jahr durchführt, hat sich der Anteil der Deutschen mit rassistischen Einstellungen in den Jahren von 2002 bis 2019 fast halbiert: von 12,2 auf 7,2 Prozent. Gleiches gilt für den Anteil von Menschen mit fremdenfeindlichen Ansichten, er sank im gleichen Zeitraum von 34,5 auf 18,8 Prozent. Allerdings gibt es auch eine gegenläufige Entwicklung: Mehr als die Hälfte aller Deutschen begegnen Asylsuchenden mit Abwertung, in Westdeutschland sind es 51 Prozent, im Osten der Republik sogar 63 Prozent.[107]

Rassismus sei mehr als eine Denkweise, die ausschließlich bewusst und mit böser Absicht erfolgt, schreibt die afrodeutsche Journalistin und Autorin Alice Hasters in ihrem Buch *Was weiße Menschen nicht über Rassismus hören wollen, aber wissen sollten.* Vielmehr sei Rassismus »schon so lang und so massiv in unserer Geschichte, unserer Kultur und unserer Sprache verankert, … dass wir gar nicht anders können, als in unserer heutigen Welt rassistische Denkmuster zu entwickeln«. Und weiter: »Rassismus wird man also nicht los, wenn man behauptet, nicht rassistisch zu sein. Es kann zum Beispiel sein, dass man am Tag gegen Rassismus demonstriert – und trotzdem Angst bekommt, wenn ein Schwarzer Mann einem nachts über den Weg läuft … Ein Schwarzer Mann sieht in seinem Leben Hunderte verängstigte Gesichter, wenn er durch die Straßen läuft. Sie bemerken es. Ich bemerke es.«[108]

Die Autorin vergleicht solche unbewussten, subtilen Formen der Diskriminierung mit Mückenstichen – »kaum sichtbar, im Einzelnen auszuhalten, doch in schierer Summe wird der Schmerz unerträglich« – und spricht von »Mikroaggressionen«. Aktivisten haben dafür den Begriff »systemischer Rassismus« geprägt. Und das System, dem dies alles zugrunde liegen soll, nennt sich *White Supremacy* – Weiße Vorherrschaft. Folgt man dieser Vorstellung, wäre jeder und jede Weiße Teil eines rassistischen Unterdrückungssystems, mag er/sie sich auch noch so sehr bemühen, Menschen anderer Hautfarbe respektvoll und ohne Vorurteile zu begegnen. Wem aber soll mit einer solch inflationären Ausweitung des Rassismusbegriffs gedient sein? Wollen wir wirklich nicht mehr unterscheiden zwischen Unwissen und Bösartigkeit? Wollen wir jemanden, der einen Menschen mit schwarzer Hautfarbe ohne Hintergedanken fragt, woher er kommt, in eine Schublade stecken mit jemandem, der im Stadion einen schwarzen Fußballspieler mit Affenlauten diffamiert?

Die »kritische Weißseinsforschung«, die in diesem Zusammenhang propagiert wird, treibt reichlich skurrile Blüten. Die britische Internet-Aktivistin Layla F. Saad bietet auf ihrer Instagram-Seite eine »28-Tage-Challenge«, mit der man »Rassismus in sich erkennen – und entlernen« könne. Diese liegt inzwischen auch als Buch vor, das in den USA sogleich zum Bestseller wurde.[109] Ihren weißen Lesern rät die Autorin, sich zunächst mit ihrer »weißen Empfindlichkeit« zu konfrontieren: »Wie äußert sich deine weiße Empfindlichkeit in Gesprächen über Rassismus? Fliehst du? Erstarrst du? Oder wehrst du dich?« Das Buch mündet schließlich in Empfehlungen wie: »Selbst die Verantwortung für die eigene Antirassismusbildung übernehmen, statt von BIPoC erwarten, dass sie einem diese Arbeit abnehmen.« – »Sich engagieren, auch wenn man kritisiert wird, erschöpft ist oder keinen Dank dafür erhält.« Und last but not least: »Selbst weniger Raum einnehmen und anderen Menschen mehr Raum geben, um sich Gehör zu schaffen.«[110] Solche Anleitungen zur Seelenergründung für Weiße sind gewiss gut gemeint. Dass man damit aber andere erreicht als die, die man ohnehin auf seiner Seite weiß, darf bezweifelt werden.

Die Anhänger der Vorstellung, dass es einen Rassismus gebe, der alle Strukturen und Denkweisen durchdringe – bis hinein ins Unterbewusste –, berufen sich gerne auf die Studien der indisch-amerikanischen Sozialpsychologin Mahzarin Banaji. Zusammen mit ihrem Kollegen Tony Greenwald entwickelte sie 1998 eine Reihe von »Impliziten Assoziationstests« – kurz IATs –, mit denen bestehende Vorurteile der Probanden gegenüber bestimmten Bevölkerungsgruppen festgestellt werden sollen. Der bekannteste davon ist der sogenannte *Race Test*. Er ist über die Internet-Seite der Harvard University allgemein zugänglich, auch in einer deutschen Version.[111] Dabei geht es darum, am Computer Bilder und Begriffe so schnell wie möglich den Kategorien »positiv«, »negativ«, »schwarze Menschen«, »weiße Menschen« zuzuordnen. Bei den Bildern handelt es sich um Gesichter weißer und schwarzer Menschen, bei den Begriffen um negative wie »Qual«, »verletzt«, »scheußlich« und positive wie »glücklich«, »Frieden« oder »vergnügt«. Es wird gemessen, wie schnell man positiv konnotierte und negativ konnotierte Wörter intuitiv weißen oder schwarzen Menschen zuordnet. Meist geht es bei den Reaktionszeiten um Millisekunden. Der Test dauert nur etwa zehn Minuten, danach bekommt man das Ergebnis auf den Bildschirm geliefert. Mehr als drei Millionen Amerikaner haben den Test inzwischen gemacht. 73 Prozent der weißen Teilnehmer zeigten dabei eine mittlere oder starke unbewusste Bevorzugung von Weißen gegenüber Schwarzen. Die Auswertung der Daten von 50.000 weißen deutschen Teilnehmern ergab sogar eine noch höhere Quote: Hier waren es 80 Prozent, die eine unbewusste Bevorzugung von Weißen aufwiesen.[112] Die allermeisten der Teilnehmer hatten vorher angegeben, der Hautfarbe von Menschen keinerlei Bedeutung beizumessen. Dennoch brauchten sie rund 200 Millisekunden länger, um richtig zu antworten, wenn schwarze Gesichter mit positiven Begriffen gepaart waren, als wenn dieselben Gesichter mit negativen Begriffen gepaart waren. Aber sind die Millionen von Amerikanern mit dem Testergebnis »unbewusste Bevorzugung von Weißen« damit automatisch Rassisten? Die grundsätzliche Frage, in welchem Zusammenhang unbewusstes und bewusstes Verhalten stehen, kann der Test nicht beantworten. »Stereotype zu kennen«, erklärt der Philosoph Philipp Hübl, »heißt nicht, dass wir an sie glauben – und schon gar nicht, dass sie unser Handeln leiten.«[113] Übrigens zeigten auch fast die Hälfte der Schwarzen, die an dem Test teilgenommen haben, unbewusste Vorurteile gegenüber Schwarzen – also quasi gegen sich selbst. Das wird damit begründet, dass sie unbewusste rassistische Botschaften der Mehrheitsgesellschaft verinnerlicht hätten. Wie auch immer: Als Gradmesser für Rassismus in der Gesellschaft erscheinen derartige Tests doch recht fragwürdig.

Natürlich kann jeder Rassismus so definieren, wie es ihm beliebt. Aber wenn alle oder die allermeisten weißen Menschen per Definition rassistisch sein sollen, wird der Begriff untauglich. Ihr könnt tun, was ihr wollt, lautet die simple Botschaft, ihr bleibt doch weiß und privilegiert – und damit Rassisten. Eine solche Einstellung führt nicht zusammen, sie befeuert die Spaltung. Sie stößt gerade diejenigen vor den Kopf, die gutwillig sind und deren Unterstützung doch eigentlich vonnöten ist, wenn wir wirksam etwas gegen Rassismus tun wollen.

»Desintegriert euch!«, lautet die Parole einer Gruppe jüngerer deutscher Autorinnen und Autoren, die sich aus den unterschiedlichsten Gründen marginalisiert fühlen – weil sie schwarz sind oder eine Migrationsgeschichte haben, weil sie jüdisch oder muslimisch sind, weil sie sich zwischen den Geschlechtern verorten oder einfach weil sie Frauen sind. *Eure Heimat ist unser Albtraum* heißt der Titel ihres viel beachteten 2019 erschienenen Bandes, herausgegeben von den Autorinnen und Journalistinnen Fatma Aydemir und Hengameh Yaghoobifarah. Es ist ein wütendes Manifest gegen die »weiße« deutsche Mehrheitsgesellschaft.[114] Den Begriff »Heimat« lehnen sie als völkisch ab, und sie sehen die deutsche Gesellschaft durchdrungen von »rassistischen, antisemitischen, sexistischen, heteronormativen und transfeindlichen Strukturen«.[115] Sie berufen sich auf ihre Identität als zu einer Minderheit Zugehörige und leiten aus der persönlichen Betroffenheit ihre moralische Überlegenheit ab. Und wer die Dinge anders sieht als sie, mag er auch selbst eine Migrationsgeschichte vorweisen, wird zum Handlanger der Mehrheitsgesellschaft abgestempelt, »Token« genannt: Token, so definiert es der Journalist und Buchautor Mohamed Amjahid, der selbst marokkanische Wurzeln hat, ist eine »Person, die einer diskriminierten Gruppe angehört, sich aber in den Dienst der privilegierten Mehrheit stellt und jegliche strukturelle Diskriminierung abstreitet«.[116] Für die sogenannten Biodeutschen, augenzwinkernd-herablassend »Kartoffeln« genannt, bleibt da nur die Rolle des zerknirschten Büßers übrig. Sie können sich allenfalls, wie Amjahid bemerkt, in »Süßkartoffeln« verwandeln – wenn sie zu Verbündeten, zu »Allys der BIPoC« werden. Was aber, wie der Autor hinzufügt, selbstverständlich »kein abschließender Status« sei, sondern »ein endloser Prozess, an dem Weiße kontinuierlich hart arbeiten können«.[117]

Auch wenn sie es selbst nicht zugeben würden: Die Desintegrationsverfechter sind ihrerseits bestens in diese Gesellschaft integriert. Sie sprechen und schreiben geschliffenes Deutsch, viele von ihnen haben Abitur und an einer Hochschule studiert, sie arbeiten für Theater und Zeitungsredaktionen, sie sind Kolumnisten bei der *taz* oder beim *Spiegel*, werden öffentlich gehört, ihre Bücher haben Preise bekommen und stehen auf der Bestsellerliste. Doch das Signal, das sie an die Millionen von Menschen mit Migrationsgeschichte in diesem Land aussenden, ist fatal. Ihr müsst gar keine Anstrengungen unternehmen, euch zu integrieren, suggerieren sie. Ihr müsst euch nicht mit dem Land identifizieren, in dem ihr lebt, wir tun es ja auch nicht. Ihr dürft ruhig eure Forderungen an die Mehrheitsgesellschaft richten – sie steht in der Pflicht, für ein gedeihliches Miteinander zu sorgen, ihr selbst müsst dafür keinen Finger rühren.

Deutschland ist heute eines der inklusivsten und einwanderungsfreundlichsten Länder der Welt. Doch es liegt auf der Hand, dass das Zusammenleben von Menschen verschiedener

Herkunft, mit verschiedenen kulturellen Hintergründen und verschiedenen Religionen Konflikte mit sich bringt. Es ist legitim, dass die Minderheiten selbstbewusst ihre Ansprüche artikulieren und an die Mehrheitsgesellschaft richten. Es ist, wenn man so will, sogar ein Zeichen gelungener Integration. Der Soziologe Aladin El-Mafaalani hat dies vor einigen Jahren in seinem erhellenden Buch *Das Integrationsparadox* ausgeführt.[118] Wenn aber das Zusammenleben gelingen soll, darf – und muss – die Gemeinschaft auch Ansprüche an alle stellen, die in diesem Land leben. Dabei geht es nicht um eine »Leitkultur«, jeder soll glücklich werden nach seiner Fasson. Aber es gibt Werte und Regeln, die für alle verbindlich sind: Wer hier dauerhaft leben will, muss sich zu unserer Demokratie und zu unserem Rechtsstaat bekennen. »Die Würde des Menschen ist unantastbar. Sie zu achten und zu schützen ist Verpflichtung aller staatlichen Gewalt«, heißt es in Artikel 1 des Grundgesetzes. Daraus leiten sich alle anderen Grundrechte ab: das Recht auf die freie Entfaltung der Persönlichkeit, das Recht auf Leben und körperliche Unversehrtheit, die Glaubens-, Gewissens- und Bekenntnisfreiheit, das Recht der freien Meinungsäußerung, die Versammlungs- und Pressefreiheit, das Recht auf Freizügigkeit und die Unverletzlichkeit der Wohnung – und auch das Recht auf Asyl. Diese Grundrechte gelten für alle. Und wer sich nicht dazu bekennt, wer diese Rechte und Werte nicht respektiert, der muss mit entsprechenden Konsequenzen rechnen, egal ob er Biodeutscher oder Deutscher mit Migrationsgeschichte, ob er Migrant oder Asylsuchender ist. Die Hautfarbe, die Zugehörigkeit zu einer bestimmten Religion oder zu einem bestimmten Geschlecht macht niemanden zu einem besseren oder schlechteren Menschen.

Wenn es mit einzelnen Gruppen Konflikte gibt, darf man darüber aber auch nicht den Mantel des Schweigens legen. Wenn etwa die männlichen Täter, die in der Silvesternacht 2015/16 auf der Kölner Domplatte zahlreiche sexuelle Übergriffe auf Frauen verübten, vor allem aus dem Maghreb und dem arabischen Raum stammen, muss das gesagt werden – verschämtes Verschweigen, um zu vermeiden, sich des Vorwurfes des Rassismus auszusetzen, macht die Sache nur schlimmer. Mir scheint, dass dies inzwischen aber auch in aller Regel geschieht – wie etwa im Falle des somalischen Asylbewerbers, der im Juni 2021 in Würzburg mit einem Messer wahllos Menschen angriff und dabei drei Frauen tötete. Nur wenn man offen über Probleme spricht, kann man diese auch lösen. Das gilt selbstverständlich auch für Übergriffe durch Polizei- und Ordnungskräfte auf Schwarze. *Racial Profiling* – dass etwa schwarze Menschen oder Menschen bestimmter Ethnien von Polizisten oder Sicherheitsleuten pauschal als verdächtig eingestuft werden und nicht anhand von individuellen Verdachtskriterien – ist auch hierzulande keine Seltenheit. Immer wieder berichten Afrodeutsche und Menschen mit schwarzer Hautfarbe davon, dass sie auf der Straße oder im Park ohne besonderen Anlass von Polizisten angehalten und kontrolliert würden; oder dass sie am Flughafen von Sicherheitsbeamten aus der Schlange der Wartenden herausgefischt und durchsucht würden.

Man darf aber auch nicht alle in einen Topf werfen und so tun, als wären alle Polizisten latent oder offen rassistisch. Hengameh Yaghoobifarah, eine der beiden Herausgeberinnen des oben erwähnten »Manifests gegen Heimat«, veröffentlichte im Juni 2019 eine Kolumne in der *taz* mit dem

Titel »All cops are berufsunfähig«. Sie malt sich unter dem Eindruck der weltweiten »Black Lives Matter«-Proteste darin eine Zukunft ohne Polizei aus. Für diese, so die Autorin, falle ihr nur eine geeignete Verwendung ein: »die Mülldeponie. Nicht als Müllmenschen mit Schlüsseln zu Häusern, sondern auf der Halde, wo sie wirklich nur von Abfall umgeben sind. Unter ihresgleichen fühlen sie sich bestimmt auch selber am wohlsten.«[119] Auch in der Polizei gibt es inzwischen zahlreiche Beamte mit Migrationsgeschichte – und es werden immer mehr. Was die wohl zu solchen Sätzen sagen? Dem Kampf gegen Vorurteile und Rassismus jedenfalls hat die Autorin mit dieser pauschalen Abwertung einer ganzen Berufsgruppe einen Bärendienst erwiesen.

Gegen solche polemischen Frontstellungen – wir die Guten, ihr die Bösen – wenden sich inzwischen auch immer mehr Frauen und Männer, die nicht der weißen Mehrheitsgesellschaft angehören und selbst eine Migrationsgeschichte aufweisen. Unter der Überschrift »Nicht mein Antirassismus« schreibt die deutsch-türkische Journalistin Canan Topçu: »Ja, es ist gut, wenn die Mehrheitsgesellschaft einmal still ist und den Geschichten zuhört, die Angehörige von Minderheiten zu erzählen haben … Inzwischen aber werden unüberschaubar viele Haltungen und Handlungen als ›rassistisch‹ diagnostiziert, wird jedes Erlebnis von Ablehnung, Abweisung oder Kritik auf die Herkunft bezogen und aus der eigenen Diskriminierungserfahrung das Recht abgeleitet, Weißen bei diesem Thema Sprechverbote zu erteilen. So wird berechtigte Rassismuskritik instrumentalisiert.«[120] Und der ägyptisch-deutsche Publizist und Politologe Hamed Abdel-Samad schreibt in seinem jüngsten Buch *Schlacht der Identitäten*: »Der Rassismus unterteilt die Menschen in Rassen, Ethnien und Religionen und polarisiert die Gesellschaft ... Er überhöht die eigene Gruppe und verachtet die andere, er schürt Hass und legitimiert Gewalt gegen andere. Antirassismus sollte eigentlich das Gegenteil tun, nämlich sich von diesen ideologischen Grabenkämpfen distanzieren und den Menschen als Individuum würdigen, unabhängig davon, zu welcher Ethnie oder Religion er gehört. Doch oft bedienen sich Antirassisten leider der gleichen Mittel wie die Rassisten selbst ... Sie überhöhen die eigene Gruppe und verachten die andere, sie grenzen Andersdenkende aus und sind im Namen der Toleranz vor allem eines: intolerant. Denn sie verengen das Spektrum dessen, was gedacht, gesagt oder getan werden darf, auf eine Weise, dass jede Abweichung davon mit der Moralkeule gegeißelt wird.«[121]

Schlägt man die Feuilletons der Zeitungen auf, hört man sich die Debattensendungen und politischen Kommentare im Radio an oder schaltet man im Fernsehen eine der täglichen Talkshows in ARD oder ZDF ein, bekommt man den Eindruck, dass im Namen des Kampfes gegen den Rassismus und dem gebotenen Schutz von Minderheiten ein regelrechter Kulturkampf tobt. Dabei geht es immer weniger um den Austausch von Argumenten, sondern darum, die eigene Betroffenheit herauszustellen. Der Status des Opfers lässt sich heute leicht für sich reklamieren und mit ihm die Unangreifbarkeit der eigenen Person und Position. Ein jeder und eine jede möchte heute Opfer sein. Teil der »Opferolympiade« sind nicht nur die verschiedensten marginalisierten Gruppen, mögen sie zahlenmäßig auch noch so klein sein. Es ist ein Kampf um Deutungshoheit und Macht – es geht darum, wer das Sagen hat. *Woke* – nach dem englischen Wort für »aufgeweckt« – nennen sich die für Diskriminierung umfassend Sensibilisierten. Menschen, die nicht selbst von Diskriminierung betroffen sind, sollten nach Meinung der »Aufgeweckten« am besten gar nicht mehr mitreden.

Der Vorwurf, man sei ein »Rassist«, wenn man dies oder jenes anders sehe, ist zum probaten Mittel der Ausgrenzung geworden. Um als »Rassist« klassifiziert zu werden, reicht heute oft schon die Äußerung eines bestimmten Signalworts: der »Mohrenkopf«, das »Zigeunerschnitzel« oder das berüchtigte N-Wort. In den USA, die uns auch in dieser Hinsicht um einige Jahre voraus sind, wurde vor kurzem der Wissenschaftsreporter der *New York Times* Donald McNeil nach einer öffentlichen Kampagne aus dem Haus gedrängt, weil er das N-Wort benutzte – nicht um es sich zu eigen zu machen oder weil er irgendjemanden damit beschimpfen wollte; er hatte es lediglich zitiert.[122] Ähnlich erging es Jason Kilborn, Professor für Jura an der Universität von Illinois in Chicago. Der Professor hatte in einer Examensaufgabe für seine Studenten die Worte »Nigger« und »Bitch« erwähnt – wohlweislich nicht ausgeschrieben, sondern, wie im akademischen Milieu inzwischen üblich, abgekürzt zu »n-----« und »b----«. Die Vereinigung der Schwarzen Jurastudenten (BLSA) protestierte in einem offenen Brief gegen die »nicht zu entschuldigende Verwendung des N-Wortes«: Die schwarzen Studenten im Seminar seien dadurch »traumatisiert« worden, einer von ihnen sei beim Anblick des Wortes »n-----« so sehr verwirrt worden, dass er Herzrasen bekam. Die Universitätsleitung beschloss daraufhin, Professor Kilborn auf unbestimmte Zeit zu suspendieren.[123]

Der grüne Tübinger Oberbürgermeister Boris Palmer – der

sich in seiner Stadt so engagiert wie kaum ein anderer Lokal-
politiker für Integration einsetzt – wurde 2021 infolge eines
ironisch gemeinten, unglücklich formulierten Twitter-Posts,
der das Tabuwort enthielt, mit einem Parteiausschlussverfah-
ren konfrontiert. Und die Spitzenkandidatin der Grünen für
die Landtagswahl in Berlin, Bettina Jarasch, löste unter ihren
Anhängern Empörung aus, nachdem sie auf dem Parteitag
im März 2021 auf die Frage, was sie als Kind gern werden
wollte, geantwortet hatte: »Indianerhäuptling«. Der Begriff
»Indianer« sei eine »koloniale Fremdbezeichnung«, befanden
die »Aufgeweckten« in den eigenen Reihen, damit würden
Indigene gekränkt. Jarasch gab sich zerknirscht, entschuldigte
sich öffentlich für ihr Vergehen und sprach von »unreflek-
tierten Kindheitserinnerungen«.[124]

Wir müssen die Sprache verändern, erklären die *Woken*,
dann verändern wir die Welt. Als ich in der Diskussion mit
einer jungen Aktivistin darüber, ob das Wort »Mohr« rassistisch sei, erklärte, ich möchte lieber darüber reden, wie wir in
unserer multiethnischen Gesellschaft echte Integration be-
werkstelligen, beschied mir mein Gegenüber: Dies sei *What-
aboutism* – ein rhetorisches Ablenkungsmanöver meiner-
seits. Man könne sehr wohl das eine tun, ohne das andere zu
lassen. Das ist sicherlich nicht verkehrt. Mir scheint es aber
so, dass, während wir uns im Streit um Formulierungen ver-
beißen, die Veränderung der Welt ganz aus dem Blick gerät.

Der Streit um Begriffe und Zuschreibungen greift auch
auf das kulturelle und historische Erbe aus. Was stört und
irritieren könnte, sollte – wenn es nach den *Woken* geht –
lieber aus dem Gesichtsfeld verschwinden, ohne Rücksicht
auf gesellschaftliche und historische Kontexte. Eine der fünf-

zig »Empfehlungen«, die Mohamed Amjahid seinen weißen Lesern als Anleitung zum antirassistischen Denken mit auf den Weg gibt, lautet: »Rassistischer Kanon – egal ob Kinderbücher, Filmproduktionen oder philosophische Werke – muss kommentiert, dekonstruiert, aktualisiert oder sogar zu den Akten gelegt werden.«[125] Der Anfang dazu ist schon gemacht: Aus den *Pippi-Langstrumpf*-Büchern von Astrid Lindgren hat der deutsche Verlag das N-Wort entfernt, ebenso aus Otfried Preußlers Kinderbuchklassiker *Die kleine Hexe*. Aus den Donald-Duck-Comics von Carl Barks in der Übersetzung der legendären Erika Fuchs werden inzwischen auch Wörter wie »Indianer«, »Zwerg«, »Bleichgesicht«, »rote Brüder«, »Skalp«, »Wilde« und »Eingeborene« getilgt.[126] Es wird sich sicher auch jemand finden lassen, der die Werke Kants und Schopenhauers entsprechend »aktualisiert«. Auf der Opernbühne stehen Mozarts *Zauberflöte*, Bizets *Carmen* und Verdis *Othello* unter verschärftem Rassismusverdacht. Aber ist es nicht fatal, wenn wir künstlerische Werke vergangener Zeiten nicht mehr als solche respektieren, weil wir glauben, heutige Leser und Hörer wären nicht in der Lage, diese historisch einzuordnen? Kann man Kindern nicht erklären, wenn man ihnen daraus vorliest oder mit ihnen ins Theater geht, dass man dieses oder jenes Wort heute nicht mehr sagt? Wenn wir einmal damit anfangen, historische Texte nach unseren gegenwärtigen gesellschaftlichen Vorstellungen umzuschreiben, wo hört es auf? Ich fürchte, wir werden in Zukunft viel zu tun haben, wenn wir sie dem jeweiligen Zeitgeist entsprechend immer wieder umdichten müssen.

Im Sog der »Black Lives Matter«-Bewegung wird heute weltweit zum Denkmalsturz angesetzt. »Rhodes must fall«

(»Rhodes muss fallen«), rufen in Oxford die Studenten und verlangen die Entfernung der Statue des englischen Diamantenhändlers, Kolonialisten und »Vaters der südafrikanischen Apartheid« auf dem Universitätsgelände. In der Hafenstadt Bristol ist im Sommer 2020 die Statue des Sklavenhändlers und britischen Politikers Edward Colston von aufgebrachten Demonstranten aus ihrer Verankerung gerissen und ins Hafenbecken geworfen worden. In Belgien formiert sich eine Bewegung, die fordert, die Denkmäler König Leopolds II. im ganzen Land zu entfernen. Und in Deutschland wird nicht nur die Umbenennung von nach deutschen Kolonialisten wie Hermann von Wissmann, Carl Peters und Gustav Nachtigal benannten Straßen gefordert; auch die im ganzen Land verstreuten Bismarcktürme werden im Lichte der Kolonialismusdebatte zunehmend kritisch beäugt. Nicht immer aber erweisen sich die Denkmalstürmer als historisch sattelfest: In Wimbledon wurde am 30. Juni 2020 ausgerechnet eine Statue Haile Selassies vom Sockel gerissen – wo doch der äthiopische Kaiser nicht nur ganz offensichtlich schwarz war; er war für den ganzen afrikanischen Kontinent die Verkörperung des Anti-Kolonialismus und nicht nur in den Augen der Bildhauerin Hilda Seligman, die Haile Selassie während seiner Zeit im englischen Exil in ihrem Haus beherbergte und ihm zu Ehren dieses Denkmal schuf, der »Anführer der antifaschistischen Bewegung der Welt«.[127]

Um nicht missverstanden zu werden: Natürlich kann und soll man darüber streiten, wie man mit den Zeugnissen der Kolonialvergangenheit umgehen soll. Allein schon die öffentliche Diskussion darüber kann erhellend sein, wenn sie die verdrängte koloniale Geschichte und deren Protagonisten wieder in Erinnerung zu rufen vermag. Als Namensgeber für eine Bundeswehrkaserne ist etwa der Kolonialgeneral und einstige Kommandeur der »Schutztruppen« für Deutsch-Ostafrika Paul von Lettow-Vorbeck ganz sicher ungeeignet. Aber glaubt man ernsthaft, es trüge zur Aufarbeitung der Kolonialzeit bei, wenn man sämtliche Spuren daran aus dem öffentlichen Raum entfernt?

Symptomatisch erscheinen mir die Auseinandersetzungen, die um den »Mohren« im Stadt- und Straßenbild geführt werden. Inzwischen gibt es überall im Land Initiativen, die die Umbenennung von Mohrenstraßen, Mohrenapotheken, Mohrenbrauereien und Gasthäusern »Zum Mohren« verlangen und die Mohren von Ladenschildern, Hausfassaden und Stadtwappen verbannen wollen. Ich würde mir wünschen, dass diese Debatten mit Respekt voreinander geführt werden und ohne Schaum vor dem Mund. Ich kann es gut verstehen, wenn sich schwarze Menschen verletzt fühlen von stereotypen »Mohren«-Figuren mit wulstigen Lippen, Nasenringen und aufgerissenen Augen. Aber pauschale Verdammungen führen uns auch hier nicht weiter. Es stimmt eben nicht – wie ich in den ersten Kapiteln dieses Buches zu zeigen versucht habe –, dass der Begriff »Mohr« in Deutschland »immer schon despektierlich gemeint« gewesen sei, wie eine Kulturwissenschaftlerin anlässlich der Debatte um die Umbenennung der Berliner Mohrenstraße kürzlich wieder erklärte.[128]

Die Mohrenstraße in Berlin-Mitte erhielt ihren Namen vor 330 Jahren, lange vor der Kolonialzeit. Lokale Aktivisten um die Vereine »Berlin Postkolonial« und »Decolonize Mitte« kämpfen seit Jahren für die Umbenennung der Straße, mit dem Hinweis, der Name verletze die Würde schwarzer Men-

schen in Berlin. Im August 2020 beschloss die Bezirksver-
ordnetenversammlung Berlin-Mitte mit den Stimmen von
SPD, Grünen und Linkspartei die Umbenennung in Anton-
Wilhelm-Amo-Straße. Sie soll im Oktober 2021 erfolgen.
»Nach heutigem Demokratieverständnis ist der bestehende
rassistische Kern des Namens belastend und schadet dem nationalen und internationalen Ansehen Berlins«, heißt es in
der offiziellen Begründung dazu.[129] Der Historiker Götz Aly
hat dem mit Verweis auf die historischen Zusammenhänge
heftig widersprochen und die beschlossene Umbenennung
als »Geschichtsfrevel« bezeichnet: »Es gibt keinen Grund, an
den historischen Namen zu rütteln. Sie sind Schriftdenkmale,
die es uns Heutigen ermöglichen, die Vergangenheit unserer
Stadt zu lesen und besser zu verstehen.«[130]

Der Blick auf historische Zusammenhänge kann erhellend sein, wie die Geschichte des »Coburger Mohren« zeigt.
Mitte des 14. Jahrhunderts kamen Münzen in Umlauf, die
den schwarzen heiligen Mauritius als Patron der Stadtkirche
zeigen; im 15. Jahrhundert tauchte er erstmals auf dem Stadt-
und Ratssiegel auf. Seit 1580 prangt der schwarze Heilige als
Repräsentant der Stadt auf dem Wappen Coburgs. Daran än-
derte sich auch nichts, als die Stadt evangelisch wurde. Erst
im 20. Jahrhundert wurde der Mohr zum Stein des Anstoßes.
Ausgerechnet die an die Macht gekommenen Nationalsozialisten verbannten 1934 den »Mohrenkopf« aus dem Stadtwappen: Ein Schwarzer als Repräsentant der Stadt galt ihnen
als untragbar. Er wurde durch ein neues Wappen ersetzt, das
einen gestürzten SA-Dolch mit Hakenkreuz-Knauf zeigt.[131]
Drei Jahre später benannten die Stadtoberen auch die im
19. Jahrhundert angelegte Mohrenstraße um in »Straße der

SA«. Nach dem Ende der Nazi-Diktatur wurde der »Coburger Mohr« 1945 rehabilitiert und das jahrhundertealte Wappen wieder in Kraft gesetzt. Und auch die Mohrenstraße erhielt ihren Namen zurück. Wenn die Nationalsozialisten Stadtwappen und Straßen aus rassistischen Gründen änderten, soll man nun aus antirassistischen Gründen dasselbe tun? Unter den Bürgern Coburgs, die mit der Geschichte ihrer Stadt vertraut sind, wird man jedenfalls kaum einen finden, der den »Mohrenkopf« im Wappen infrage stellt.

Die Mohren-Debatte hat inzwischen weite Kreise gezogen, auch die Biologen wurden von ihr aufgeschreckt. Eine Reihe von Vögeln – vom Mohrenkopfpapagei über die Mohrenlerche und den Mohrenibis bis zum Mohrenschwarzkehlchen – tragen den Mohr im Namen. Aber auch der Zigeunervogel, der Kaffernsegler und die Hottentottenente müssen um ihren Namen fürchten. »Der Naturkunde gelingt es nicht, mit dem gesellschaftlichen Fortschritt mitzuhalten«, erklärt die Initiative der Naturfreunde Deutschlands, die die Umtaufung der inkriminierten Vogelarten vorantreibt.[132] Die afrikanische »Hottentottenente«, lateinisch *Spatula hottentotta*, trägt eine dunkle Kopfkappe, aber ihren Namen erhielt sie wegen der Klick-Laute, die sie von sich gibt, wenn sie aufgeschreckt wird – was die Naturforscher, die ihr einst den Namen gaben, wohl an die Sprache der Khoikhoi erinnerte. Ansonsten ist sie »eine sehr stille und insgesamt wenig auffällige Ente«, heißt es auf der ihr gewidmeten Wikipedia-Seite.[133] Es wäre vermessen, wenn ich mir hier als biologischer Laie ein Urteil erlauben würde, sollen Berufenere über ihren Namen entscheiden. Aber warum – bitte schön – soll die Mohrenlerche nicht Mohrenlerche heißen?

Ein differenzierter Blick erscheint mir auch auf die viel diskutierte Praxis des *Blackfacing* angebracht. Die meisten weißen Deutschen, mit denen ich darüber gesprochen habe, verstehen nicht, was daran diskriminierend sein soll, wenn man sich das Gesicht schwarz anmalt. Es wird ja auch erst nachvollziehbar, wenn man die Geschichte des *Blackfacing* in den Vereinigten Staaten kennt. Es hat dort seine Wurzeln in den sogenannten Minstrel-Shows (von *minstrel*, englisch für »kleiner Diener«), die im 19. Jahrhundert dort sehr populär waren und nur ein Thema kannten: sich als Weißer über Schwarze lustig zu machen. Dazu traten die weißen Darsteller mit schwarz bemaltem Gesicht auf. Der Bekannteste von ihnen ist der Komiker Thomas D. Rice, der auf der Bühne als »Jim Crow« auftrat. Nach der Bühnenfigur sind die »Jim-Crow-Gesetze« benannt, die bis Mitte der 1960er-Jahre die Rassentrennung in allen öffentlichen Bereichen festschrieben. Jedem, der sich in den USA als Weißer schwarz schminkt, dürfte dieser Zusammenhang bekannt sein; und so erklären sich auch die zum Teil heftigen Reaktionen von Afroamerikanern darauf.

Diese unselige Tradition gibt es in Deutschland nicht – und deswegen empfiehlt es sich, auch hier den Kontext zu betrachten. Es ist ein jahrhundertealter Brauch, dass unter den Sternsingern, die zu Heiligdreikönig am 6. Januar durch die Gemeinden ziehen, den kirchlichen Segen bringen und Spenden sammeln, eines der drei Kinder als der Schwarze unter den Heiligen Drei Königen auftritt. Ich jedenfalls sehe keinen Grund, warum diese schöne alte Tradition, der wohl niemand ein rassistisches Motiv unterstellen würde, abgeschafft werden sollte.

Die *Blackfacing*-Debatte hat auch die Bühnen und die Verlage erreicht. Die New Yorker Met hat 2015 die Verwendung schwarzer Schminke für Aufführungen von Verdis *Othello* untersagt.[134] Einige schwarze Aktivisten fordern inzwischen, dass schwarze Rollen nur noch von Schwarzen interpretiert werden sollten – und von Schwarzen geschriebene Theaterstücke, Romane und Gedichtbände nur noch von schwarzen Übersetzern in andere Sprachen übertragen werden sollten. Anfang 2021 erhitzte die Debatte um die Übersetzung des Poems *The Hill We Climb* die Gemüter, das die afroamerikanische Schriftstellerin Amanda Gorman zur Amtseinführung von US-Präsident Joe Biden in Washington vortrug. In den Niederlanden sah sich die renommierte Übersetzerin Marieke Lucas Rijneveld dazu genötigt, den Auftrag niederzulegen, nachdem sie von einer schwarzen Aktivistin dafür kritisiert wurde, dass sie als Weiße für die Übersetzung einer schwarzen Autorin ausgewählt worden sei. Dabei half es ihr auch nicht, dass sie sich selbst als zur marginalisierten Gruppe der »Nicht-Binären« gehörig – das heißt, zwischen den herkömmlichen Geschlechtern Stehende – definiert. Wenn aber nicht mehr künstlerisches Talent und Erfahrung, sondern allein ethnische Kriterien über die Ausübung von Kunst – die doch allen Menschen gleichermaßen gehört – entscheiden sollen, wäre das ein Armutszeugnis für die Gesellschaft.

Das Anliegen der Verfechter der Identitätspolitik mag ein ehrenwertes sein. Aber mit ihrer Konzentration auf die Identität ihrer jeweiligen organisierten Gruppe machen sie die Gesellschaft nicht solidarischer. Stattdessen sorgen sie für eine noch tiefere Spaltung der Gesellschaft. Da ist es kaum überraschend, dass sich immer mehr Menschen von solchen ideologisch geführten Debatten gegängelt fühlen. In einer

Erhebung des Allensbach-Instituts vom Juni 2021 antworteten 44 Prozent der Teilnehmer auf die Frage »Haben Sie das Gefühl, dass man heute in Deutschland seine politische Meinung frei sagen kann?« mit: »Nein, es ist besser, vorsichtig zu sein.« Unter den Anhängern der AfD war der Anteil mit 62 Prozent am höchsten, aber auch 46 Prozent der Anhänger der SPD äußerten sich entsprechend; unter den Anhängern der Grünen waren es immerhin noch 31 Prozent.[135] Wenn der gewiss notwendige Kampf gegen Diskriminierung bei der Mehrheit der Menschen in ein Gefühl allgemeiner Bevormundung umschlägt, läuft es in die falsche Richtung.

Die nigerianische Schriftstellerin Chimamanda Ngozi Adichie, die in den sozialen Medien attackiert wurde, weil sie sich herablassend gegenüber Transpersonen geäußert haben soll, schreibt auf ihrer Internetseite: »Wir haben eine Generation junger Leute in den sozialen Medien, die derartige Angst haben, eine falsche Meinung zu vertreten, dass sie sich der Fähigkeit beraubt haben, zu denken, zu lernen und zu wachsen … Ich habe mit jungen Leuten gesprochen, die mir sagen, dass sie sich kaum mehr trauen, überhaupt etwas zu twittern, dass sie ihre Tweets lesen und nochmals lesen, weil sie fürchten, von ihren eigenen Leuten attackiert zu werden. Die Haltung eines grundsätzlichen Wohlwollens ist tot. Was zählt, ist nicht, gut zu sein, sondern der Anschein, gut zu sein. Wir sind keine Menschen mehr. Wir sind Engel, die andere Engel ausengeln wollen.«[136]

Dagegen lässt sich nur gemeinsam angehen. Wir sollten die unproduktiven, spalterischen und oft auch nur rein symbolischen Debatten hinter uns lassen. Ich jedenfalls möchte nicht weiter über vermeintlich richtige oder falsche Begriffe und Haltungen diskutieren. Ich möchte lieber konstruktive Debatten darüber führen, wie wir wieder zusammenkommen können. Ich möchte darüber streiten, was wir dafür tun können, dass schwarze Menschen und Menschen mit Migrationsgeschichte in allen Bereichen des Lebens präsent sind. Wie wir ihre Bildungs- und Aufstiegschancen verbessern und dafür sorgen, dass sie ein selbstverständlicher Bestandteil der Gesellschaft werden: als Lehrer und Dozenten an Schulen und Hochschulen; als Polizisten und in den Behörden; als Unternehmer und in der Politik. Ich möchte, dass wir als Gesellschaft eine gemeinsame Vision entwickeln. Und über den deutschen Tellerrand hinausgeblickt: Ich möchte, dass wir uns Gedanken darüber machen, wie wir eine gerechte europäische Asylpolitik gestalten. Wie wir verhindern, dass Jahr für Jahr Tausende Menschen vor unserer Haustür im Mittelmeer ertrinken bei dem verzweifelten Versuch, in Europa Schutz und Aufnahme zu finden. Wie wir verhindern, dass Afrikaner auf den Feldern Italiens und anderswo in Europa unter sklavenähnlichen Bedingungen arbeiten für einen Hungerlohn. Ich möchte, dass wir uns endlich darüber Gedanken machen, was wir für die Entwicklung Afrikas tun können und dafür, dass sich Afrikaner und Europäer auf Augenhöhe begegnen. Wie wir dafür sorgen können, dass auch auf dem afrikanischen Kontinent die Menschen vor der Corona-Pandemie geschützt und gegen COVID geimpft werden. Wie wir Afrikas Despoten und Diktatoren das Handwerk legen und gute Regierungsführung durchsetzen. Und darüber, wie wir global gerechten Handel organisieren, der allen Menschen eine Chance gibt. Lassen Sie uns endlich damit beginnen, besser heute als morgen, wir haben schon genug Zeit verloren.

# Epilog

Von der Journalistin und Autorin Mithu Sanyal stammt der kluge Gedanke: »Identität ist eine notwendige Lüge. Menschen brauchen anscheinend ein Gefühl von Identität. Aber wir meinen niemals dasselbe, wenn wir über Identität reden.«[137] Denn im Grunde kann man allenfalls mit sich selbst identisch sein. Mithu Sanyal ist gebürtige Deutsche und einer der vielen Millionen Menschen mit Migrationsgeschichte, die dieses Land bereichern. Ihre Mutter stammt aus Polen, ihr Vater aus Bengalen.

Auch wenn es nicht ins Weltbild aller passt: Es gibt in Deutschland heute eine Vielzahl von Schwarzen, Farbigen, Migranten und Angehörigen der verschiedensten Minderheiten, die sich hier zuhause fühlen und sich mit diesem Land identifizieren. Ja, ich bin einer von ihnen. Und ja: Deutschland ist zu meiner Heimat geworden. Ich fühle mich als Deutscher, auch wenn, solange ich lebe, ein äthiopisches Herz in mir schlägt. Meine Identität als Schwarzer steht mir ins Gesicht geschrieben. Aber in meiner Seele haben, wie bei den allermeisten Menschen, viele Identitäten Platz. Zu meiner deutschen Identität gehören etwa schwäbische Maultaschen und Frankfurter Äppelwoi ebenso wie Mozarts Opern, die Schallplatten der Comedian Harmonists, die Gedichte Gryphius' und die Werke Goethes. Deutscher Filterkaffee, weiße Tennissocken und Sandalen und die Diktatur des Proletariats gehören eher nicht dazu.

Wenn ich sage, ich fühle mich als Deutscher, heißt das nicht, dass ich an diesem Land nichts zu kritisieren hätte. Wie allen vernünftigen Menschen ist mir Rassismus zutiefst zuwider, und ich tue, was ich kann, mich ihm entgegenzustellen. Gleichzeitig bin froh und dankbar darüber, dass wir alle hier frei sprechen können und es keine Zensur gibt. Ich bin neugierig auf meine Mitmenschen und stelle mich der Diskussion mit jedem, der willen ist, sich an gewisse Umgangsformen zu halten. Das ist es doch, was eine lebendige Demokratie ausmacht: der Streit und das Ringen um die besten Antworten für eine Gesellschaft, in der wir uns in gegenseitigem Respekt voreinander frei entfalten können – egal, woher wir ursprünglich kommen, welche Hautfarbe wir haben, welchem Geschlecht und welcher Religion wir angehören, egal, wie verschieden wir sind.

Die Zulu in KwaZulu-Natal an der Südostküste Afrikas haben eine schöne Art, sich »Guten Tag« zu sagen. Sie begrüßen sich mit der Formel »Sawubona«, wörtlich auf Deutsch: »Ich sehe dich.« Ich sehe dich, mit all deinen Tugenden und Fehlern, du bist mir wichtig, und ich schätze dich: Ich wünschte mir, wir könnten uns auch hierzulande so begegnen – mit gegenseitiger Hochachtung und ohne Vorurteile. Dann hätten wir schon viel erreicht auf dem Weg zu einer Gesellschaft, in der kein Weißer mehr Angst haben muss vorm Schwarzen Mann – und kein Schwarzer Angst vorm Weißen. Für jene, die sich partout für den Nabel der Welt halten, gibt es die christliche Lehre der Gottesebenbildlich-

keit und die daraus resultierende Gleichheit aller Menschen –
eine Lehre, die auch die Basis der oft zitierten europäischen
Werte ist. Und für Nicht-Gläubige, die von ihrem Herren-
menschen-Sein nicht lassen können, gibt es Manieren.

# Anmerkungen

1   *20 Minuten*, 18.10.2011. https://www.20min.ch/story/streit-um-kin-
    derspiel-793393691795

2   Johannes Krause (mit Thomas Trappe): *Die Reise unserer Gene. Eine
    Geschichte über uns und unsere Vorfahren*. Berlin 2019, S. 241.

3   Ebd., S. 86.

4   Klaus Reichert: *Das Hohelied Salomos*. München 1998.

5   Ilias, I 23,24.

6   *Das Geschichtswerk des Herodotos von Halikarnassos*. Übertragen
    von Theodor Braun. Leipzig 1964, S. 224 ff.

7   Vgl. Peter Martin: *Schwarze Teufel, edle Mohren. Afrikaner in Be-
    wußtsein und Geschichte der Deutschen*. Hamburg 1993, S. 29.

8   Wolfram von Eschenbach: *Parzival*. Studienausgabe. Mittelhochdeut-
    scher Text nach der sechsten Ausgabe von Karl Lachmann, Überset-
    zung von Peter Knecht. Berlin/New York 2003.

9   Zum Mauritius-Kult vgl. Gude Suckale-Redlefsen: *Mauritius. Der
    heilige Mohr. The Black Saint Maurice*. München u.a. 1987.

10  Vgl. hierzu Konrad Melchers: »Die schwarze Königin von Saba in
    Klosterneuburg. Zur Bedeutung afrikanischer Christen für Europa in
    der Zeit der Kreuzzüge«. Exposé für das Symposium von Pactum Af-
    ricanum zur Förderung des Dialogs zwischen den drei Abrahamiti-
    schen Religionen Judentum, Christentum und Islam, Klosterneuburg,
    12.9.2019. https://queen-of-saba.at/symposium/

11  *Das Rolandslied des Pfaffen Konrad*. Tübingen 1967, S. 234 f.

12  Walther von der Vogelweide, zitiert nach Willfried F. Feuser: »Das Bild
    des Afrikaners in der deutschen Literatur«. In: *Akten des V. Internati-
    onalen Germanisten-Kongresses (1975), Jahrbuch für Internationale
    Germanistik*, Reihe A, Bd. 2, 4 (1976), S. 306–315.

13  Wolfram von Eschenbach, *Parzifal*, Erstes Buch. Übersetzung Peter
    Knecht.

14  Martin, *Schwarze Teufel, edle Mohren*, S. 47.

15  Nadja Ofuatey-Alazard: »Die europäische Versklavung afrikanischer Menschen«. In: Susan Arndt, Nadja Ofuatey-Alazard (Hrsg.): *Wie Rassismus aus Wörtern spricht. (K)Erben des Kolonialismus im Wissensarchiv deutscher Sprache. Ein kritisches Nachschlagewerk.* Münster 2011, S. 103–113.

16  Vgl. hierzu Martin, *Schwarze Teufel, edle Mohren*, S. 57.

17  Zitiert nach ebd., S. 70.

18  Zum transatlantischen Sklavenhandel: David Eltis, David Richardson: *Atlas of the Transatlantic Slave Trade.* Yale 2015.

19  Sebastian Münster: *Cosmographei*, 1628. Zitiert nach Martin, *Schwarze Teufel, edle Mohren*, S. 84.

20  Zur Geschichte der Kolonie Großfriedrichsburg siehe: Ulrich van der Heyden: *Rote Adler an Afrikas Küste. Die brandenburgisch-preußische Kolonie Großfriedrichsburg in Westafrika.* Berlin 2001.

21  *Letters of the Right Honourable Lady Mary Wortly Montagu. Written, during her travels in Europe, Asia and Africa, to persons of distinction, men of letters. &c. in different parts of Europe.* Bd. 1. London 1763, S. 98 f.

22  Der Maler Daniel Bretschneider d. Ä. hielt die Aufzüge von 1609 am sächsischen Hof in Gemälden fest. Abbildungen dazu bei Martin, *Schwarze Teufel, edle Mohren*, S. 343.

23  Vgl. Wolfram Schäfer: »Von ›Kammermohren‹, ›Mohren‹-Tambouren und ›Ost-Indianern‹«. In: *Hessische Blätter für Volks- und Kulturforschung* 23 (1988), S. 35–79. Die folgende Website zeichnet die Geschichte des Dorfes Mou-Lang nach: http://www.kassel-wilhelmshoehe.de/chinesen.html

24  Zur Biographie Hannibals vgl. Hugh Barnes: *Der Mohr des Zaren – Eine Spurensuche.* München 2007.

25  Zur Biographie Wilhelm Anton Amos: Burchard Brentjes: *Anton Wilhelm Amo. Der schwarze Philosoph in Halle.* Leipzig 1976; Jacob Emmanuel Mabe: *Anton Wilhelm Amo interkulturell gelesen.* Aktualisierte Ausgabe. Berlin 2020.

26  Zur Biographie Angelo Solimans: Philipp Blom, Wolfgang Kos (Hrsg.): *Angelo Soliman. Ein Afrikaner in Wien.* Wien 2011.

27  Leopold Jospeph Fitzinger: *Geschichte des kais. kön. Hof-Naturalien-Cabinetes zu Wien. Periode unter Franz II. (Franz I. Kaiser von Österreich) bis zu Ende des Jahres 1815.* Sitzungsberichte der mathematisch-naturwissenschaftlichen Classe der Kaiserlichen Akademie der Wissenschaften. II. Abteilung 57 (1868), S. 14 ff.

28 Vgl. hierzu: Stephen R. Haynes: *Noah's Curse. The Biblical Justifica-tion of American Slavery*. Oxford 2002.

29 *Diderots Enzyklopädie. Mit Kupferstichen aus den Tafelbänden*. Ediert von Anette Selg und Rainer Wieland. Berlin 2013 (Stichwort »Neger«).

30 Carl von Linné: *Systema Naturae*. 10. Aufl. 1758, Bd. 1, S. 20 ff. https://www.biodiversitylibrary.org/item/10277#page/3/mode/1up

31 Johann Friedrich Blumenbach: *Handbuch der Naturgeschichte*. Göt-tingen 1779, S. 88 ff.

32 Samuel Thomas Soemmerring: *Über die körperliche Verschiedenheit des Mohren vom Europäer*, Mainz 1784, S. 32 u. S. 67.

33 Goethe an Soemmerring am 6.3.1785. Zitiert nach Martin, *Schwarze Teufel, edle Mohren*, S. 231.

34 Immanuel Kant: »*Von den Verschiedenen Racen des Menschen* (1775).« In: *Kant's Werke*. Hrsg. von der Königlich Preußischen Aka-demie der Wissenschaften (Akademie-Ausgabe), Bd. 2. Berlin 1912, S. 427–443, hier S. 441.

35 Ebd., S. 438.

36 Immanuel Kant: *Physische Geographie*. Auf Verlangen des Verfas-sers aus seiner Handschrift herausgegeben v. Friedrich Theodor Rink (1902). In: *Kant's Werke*, Bd. 9. Berlin, Leipzig 1923, S. 312.

37 Ebd., S. 153 ff.

38 Ebd., S. 228.

39 Immanuel Kant: *Reflexionen zur Anthropologie*. In: *Kant's Werke*, Bd. 15. Berlin 1923, S. 877 f.

40 Ebd., S. 153 ff.

41 *Kant's Werke*, Bd. 2, S. 253. – Hume hatte 1753 in einer Fußnote zur Neuausgabe seines Essays *Of National Characters* den Schwarzen jegliche Fähigkeit zu höheren Kulturleistungen abgesprochen: »I am apt to suspect the Negroes and in general all other species of men (for there are four or five different kinds) to be naturally inferior to the whites. There never was a civilized nation of any other complexion than white, nor even any individual eminent either in action or spe-culation. No ingenious manufacturers amongst them, no arts, no sci-ences. […] Not to mention our colonies, there are NEGROE slaves dispersed all over EUROPE, of which none ever discovered any symp-toms of ingenuity.« – »Ich bin geneigt zu glauben, dass Neger, und im Großen und Ganzen alle anderen Menschenrassen (denn es gibt vier oder fünf verschiedene), den Weißen von Natur aus untergeord-net sind. Es gab noch niemals eine zivilisierte Nation von irgendeiner

anderen Hautfarbe als der weißen, noch nicht einmal irgendein Individuum, das sich durch Taten oder durch spekulatives Denken ausgezeichnet hätte. Keine erfinderischen Fabrikanten, keine Künste, keine Wissenschaften gibt es unter ihnen. […] Unsere Kolonien außen vor gelassen, gibt es über ganz Europa verstreut NEGER-Sklaven, von denen nicht einer irgendwann einmal einen Anflug von Scharfsinn gezeigt hat.« David Hume: *The Philosophical Works*. Bd. 3. London 1964, S. 252, Fußnote 1 (Übers. AWA).

42  *Kant's Werke*, Bd. 8, S. 103.

43  *Kant's Werke*, Bd. 9, S. 408.

44  Vgl. hierzu: Manfred Geier: »Verflixte Farbenlehre«. *Süddeutsche Zeitung*, 23.02.2021; Floris Biskamp: »Kritik der weißen Vernunft. Sollte man Kant als Rassisten bezeichnen?« *Der Tagesspiegel*, 21.06.2020. https://www.tagesspiegel.de/kultur/sollte-man-kant-als-rassisten-bezeichnen-kritik-der-weissen-vernunft/25935036.html

45  Die Vorträge und Diskussionen finden sich online unter: https://www.bbaw.de/mediathek/archiv-2020/kant-ein-rassist-interdisziplinaere-diskussionsreihe

46  Vgl. C.W. Mills: »Kant's Untermenschen«. In: Andrew Valls (Hrsg.): *Race and Racism in Modern Philosophy*. Ithaka, NY, 2005, S. 169–193.

47  Johann Gottfried Herder: *Ideen zur Philosophie der Geschichte der Menschheit* (1785). Frankfurt am Main 1989, II 7,1, S. 255 f.

48  Georg Forster: »Leitfaden zu einer künftigen Geschichte der Menschheit« (1789). In: *Werke in vier Bänden*. Band 3, Leipzig [1971], S. 81–89.

49  *Conversationslexikon mit vorzüglicher Rücksicht auf die gegenwärtigen Zeiten*. Vierter Theil. Leipzig 1800. Zitiert nach Wulf D. Hund: *Wie die Deutschen weiß wurden. Kleine (Heimat)Geschichte des Rassismus*. Stuttgart 2017, S. 93.

50  Georg Wilhelm Friedrich Hegel: *Vorlesungen über die Philosophie der Weltgeschichte*. Erste Hälfte, Band 1: *Die Vernunft in der Geschichte*. Hrsg. von Johannes Hoffmeister. 5. Aufl., Hamburg 1970, S. 218, 225.

51  Arthur Schopenhauer: »Von dem, was einer ist.« In: *Aphorismen zur Lebensweisheit*. Hrsg. von Ludger Lütkehaus. Zürich 1988, S. 329 f.

52  Walter Schultze [Wourter Schouten]: *Ost-Indische Reyse: Worin erzehlt wird Viel gedenckwürdiges, und ungemeine seltzame Sachen, bluthige See- und Feld-schlachten, wieder die Portugisen und Makasser; Belägerungen, Bestürmungen, und Eroberungen vieler fürnehmen Städte und Schlösser*. Amsterdam 1676, S. 6.

53  Ebd.

54  Zu den Völkerschauen in Deutschland grundlegend: Anne Dreesbach: *Gezähmte Wilde. Die Zurschaustellung »exotischer« Menschen in Deutschland 1870–1940*. Frankfurt am Main 2005.

55  Ebd., S. 113.

56  Aimé Césaire: *Rede über den Kolonialismus und andere Texte*. Übersetzt und eingeleitet von Heribert Becker. Berlin 2010, S. 14, 90.

57  Bismarck 1871, zitiert nach Jürgen Zimmerer: »Bismarck und der Kolonialismus«. In: *Aus Politik und Zeitgeschichte*, Nr. 13/2015, S. 33–38, hier S. 33.

58  Bismarck 1881, zitiert nach ebd., S. 34.

59  Bismarck 1884, zitiert nach ebd., S. 37.

60  Zitiert nach Horst Gründer, Hermann Hiery (Hrsg.): *Die Deutschen und ihre Kolonien. Ein Überblick*. Berlin 2017, S. 239.

61  Carl Peters: *Die deutsche Emin-Pascha-Expedition*. Hamburg 2010 (zuerst 1907), S. 169.

62  Zitiert nach Jochen Bölsche: »Die Peitsche des Bändigers«. *Der Spiegel*, 3/2004, S. 102–109, hier S. 105.

63  Zitiert nach ebd., S. 106.

64  Wilhelm II., »Hunnenrede«, Bremerhaven, 27. Juli 1900. Zitiert nach Wolfgang J. Mommsen: *War der Kaiser an allem schuld?*. Berlin 2005.

65  Lothar von Trotha an Leutwein, zitiert nach Horst Drechsler: *Südwestafrika unter deutscher Kolonialherrschaft. Der Kampf der Herero und Nama gegen den deutschen Imperialismus (1884–1915)*. 2. Aufl., Berlin 1984, S. 156.

66  Zitiert nach Reinhart Kößler, Henning Melber: »Völkermord und Gedenken. Der Genozid an den Herero und Nama in Deutsch-Südwestafrika 1904–1908«. In: Irmtrud Wojak, Susanne Meinl (Hrsg.): *Völkermord. Genozid und Kriegsverbrechen in der ersten Hälfte des 20. Jahrhunderts*. Frankfurt am Main 2004, S. 49.

67  Zitiert nach Michael Behnen (Hrsg.): *Quellen zur deutschen Außenpolitik im Zeitalter der Imperialismus 1890–1911*. Darmstadt 1977, S. 291 ff.

68  UN-Völkermordkonvention vom 9. Dezember 1948, Artikel 2. https://www.voelkermordkonvention.de/#3-cppcg-vertragstexte

69  Bernhard von Bülow: Reichstagsrede vom 28. November 1906. Zitiert nach Ulrich van der Heyden, Joachim Zeller (Hrsg.): *Kolonialmetropole Berlin. Eine Spurensuche*. Berlin 2002, S. 69.

70  Völkerbundsatzung des Friedensvertrags von Versailles, 28. Juni 1919, Artikel 22. http://www.documentarchiv.de/wr/vv01.html

71  Zitiert nach Lutz van Dijk: *Die Geschichte Afrikas*. Frankfurt am Main 2004, S. 118 f.

72  Vgl. Horst Sasse: *Die asiatisch-afrikanischen Staaten auf der Bandung-Konferenz*. Frankfurt am Main u. a. 1958.

73  Vgl. hierzu: Harald Sippel: »Kolonialverwaltung ohne Kolonien – Das Kolonialpolitische Amt der NSDAP und das geplante Reichskolonialministerium«. In: van der Heyden/Zeller, *Kolonialmetropole Berlin*, S. 256–261.

74  Césaire, *Rede über den Kolonialismus*, S. 86.

75  Nicolas Sarkozy, zitiert nach Dominic Johnson: »Sarkozy befremdet Afrika«. *tageszeitung*, 01.08.2007.

76  Vgl. hierzu Andreas Eckert: »Schwierige europäische Erinnerung: Kolonialismus in Afrika«. In: *Bürger & Staat*, hrsg. von Landeszentrale für politische Bildung Baden-Württemberg, Nr. 1–2/2021: Rassismus – Geschichte, Spuren, Kontinuitäten, S. 19–23.

77  Zitiert nach Ulrich Laudner: »Der Schuld ins Gesicht sehen«. *Die Zeit*, Nr. 29/2000.

78  »Mau Mau torture victims to receive compensation«. *BBC News*, 06.06.2013. https://www.bbc.com/news/uk-22790037

79  Daniel Brössner: »Sie wurden erschossen, erhängt, verbrannt«. *Sueddeutsche.de*, 01.06.2021. https://www.sueddeutsche.de/politik/namibia-genozid-kolonialismus-1.5310569

80  Christoph Schult: »Der Preis des Genozids«. *Der Spiegel*, Nr. 23/2021.

81  Götz Aly: *Das Prachtboot. Wie Deutsche die Kunstschätze der Südsee raubten*. Frankfurt am Main 2021.

82  Felwine Sarr, Bénédicte Savoy: *Zurückgeben. Über die Restitution afrikanischer Kulturgüter*. Aus dem Französischen von Daniel Fastner. Berlin 2019.

83  »Dreimal höheres Risiko für Schwarze«. *Tagesschau.de*, 07.07.2020. https://www.tagesschau.de/ausland/coronarisiko-usa-101.html

84  Laut Afrozensus des Vereins *Each One Teach One* (EOTO). https://afrozensus.de/

85  Vgl. Hermann Hiery, Horst Gründer: »Deutschland und sein koloniales Erbe – Versuch einer Bewertung«, in: Dies., *Die Deutschen und ihre Kolonien*, S. 317–325, hier S. 320.

86  Martin Dibobe u. a.: Brief an Reichskolonialminister Bell, 22. Mai 1919; Eingabe der in Deutschland lebenden Afrikaner an die Natio-

nalversammlung zu Weimar, 19. Juni 1919; 32 Forderungen der Afrikaner in Deutschland, 27. Juni 1919. Zitiert nach https://blackcentraleurope.com/sources/1914–1945/petitionen-an-die-deutschen-behorden-1919/

87 Zitiert nach Christian Koller: »*Von Wilden aller Rassen niedergemetzelt*«. *Die Diskussion um die Verwendung von Kolonialtruppen in Europa zwischen Rassismus, Kolonial- und Militärpolitik (1914–1930)*. Stuttgart 2001, S. 213, 215. Gisela Lebzelter: »Die ›Schwarze Schmach‹. Vorurteile – Propaganda – Mythos«, in: *Geschichte und Gesellschaft* 11 (1985), S. 37–58.

88 Abgebildet in: Hund, *Wie die Deutschen weiß wurden*, S. 116.

89 Zitiert nach Iris Wigger: *Die »schwarze Schmach am Rhein« – Rassistische Diskriminierung zwischen Geschlecht, Klasse, Nation und Rasse*. Münster 2007, S. 127, 129.

90 Zitiert nach »Kennen Sie Heinz Rühmann?«. In: *Heidecker Post.* http://www.heidecker.eu/Ruehmann/Ruehmann_DQuaxAfrika.htm

91 Vgl. Nicola Lauré al-Samarai: »Schwarze Menschen im Nationalsozialismus«, 30.07.2004. https://www.bpb.de/gesellschaft/migration/afrikanische-diaspora/59423/nationalsozialismus?p=all

92 Ebd.

93 Vgl. hierzu: Gabriele Metzler: *Europa zwischen Kolonialismus und Dekolonisierung. Informationen zur politischen Bildung,* Nr. 338/2018, S. 60 ff.

94 Luise Rehling: Bundestagsdebatte vom 12. März 1952. Zitiert nach Judith Reker: »Black Germans: Schauen, wie das ist, deutsch zu sein«. *Die Wochenzeitung* (WOZ), Nr. 45/2011. https://www.woz.ch/1145/black-germans-schauen-wie-das-ist-deutsch-zu-sein

95 Vgl. hierzu: Lucia Engombe: *Kind Nr. 95. Meine deutsch-afrikanische Odyssee.* Berlin 2004.

96 Jasko Rust: »Oshi-Deutsche zwischen DDR und Namibia«. *Deutsche Welle*, 30.08.2020. https://p.dw.com/p/3hgEF

97 »Ich war immer der einzige Schwarze«. Erwin Kostedde und Gerald Asamoah im Gespräch mit Stephan Lebert und Stefan Willeke. *Zeit-Magazin*, Nr. 12/2021.

98 Karamba Diaby: *Mit Karamba in den Bundestag. Mein Weg vom Senegal ins deutsche Parlament.* Hamburg 2016.

99 Vgl. »Afrodeutsche Politiker: Die Unbekannten«. *Deutsche Welle,* 08.05.2000. https://www.dw.com/de/afrodeutsche-politiker-die-unbekannten/a-53369242

100 Vgl. Statistisches Bundesamt: »Bevölkerung mit Migrationshintergrund – Ergebnisse des Mikrozensus 2019«. Fachserie 1, Reihe 2.2. Wiesbaden 2020, S. 37.

101 Vgl. Forschungsgruppe Wahlen: »Wichtige Probleme in Deutschland seit 01/2000«. https://www.forschungsgruppe.de/Umfragen/Politbarometer/Langzeitentwicklung_-_Themen_im_Ueberblick/Politik_II/#Probl1

102 Programm der Alternative für Deutschland für die Wahl zum 20. Bundestag. Kapitel 10: Migration, Asyl und Integration, S. 90–101. www.afd.de/wahlprogramm/

103 Vgl. wikipedia.de: »Flüchtlingsfeindliche Angriffe in der Bundesrepublik Deutschland«.

104 Ebd.

105 Antonio Rüdiger: »Wer Rassismus deckt, ist Teil des Problems«. *DFB-News*, 14.04.2021. https://www.dfb.de/news/detail/antonio-ruediger-wer-rassismus-deckt-ist-teil-des-problems-226366/?no_cache=1&cHash=37a2731d0c230a6ed980d3cd2e1ed0b3

106 *Deutsche Welle*, 16.01.2020. https://www.dw.com/de/karamba-diaby-fassungslosigkeit-nach-sch%C3%BCssen-auf-abgeordnetenb%C3%BCro/a-52028166

107 Friedrich-Ebert-Stiftung: »Mitte-Studie 2018/19«. https://www.fes.de/forum-berlin/gegen-rechtsextremismus/mitte-studie

108 Alice Hasters: *Was weiße Menschen nicht über Rassismus hören wollen, aber wissen sollten*. München 2019, S. 16 f.

109 Layla F. Saad: *Me and White Supremacy. Combat Racism, Change the World, and Become a Good Ancestor*. London 2020.

110 Zitiert nach der deutschen Zusammenfassung: »Kritisches Weißsein: Rassismus in sich erkennen – und entlernen«. *News.at*, 02.04.2021. https://www.news.at/a/rassismus-entdecken-entlernen-11935592.

111 Impliziter Assoziationstest: https://implicit.harvard.edu/implicit/germany/

112 Bastian Berbner: »Wie rassistisch sind Sie?« *Die Zeit*, Nr. 30/2020, S. 13 ff.

113 Philipp Hübl: »Struktureller Rassismus: Ein irreführender Begriff«. *Deutschlandfunk Kultur*, 21.03.2021. https://www.deutschlandfunk-kultur.de/struktureller-rassismus-ein-irrefuehrender-begriff.2162.de.html?dram:article_id=494392

114 Fatma Aydemir, Hengameh Yaghoobifarah (Hrsg.): *Eure Heimat ist unser Albtraum*. Berlin 2019.

115 Ebd., S. 10.

116 Mohamed Amjahid: *Der weiße Fleck. Eine Anleitung zu antirassistischem Denken.* München 2021, S. 222.

117 Ebd., S. 206.

118 Aladin El-Mafaalani: *Das Integrationsparadox. Warum gelungene Integration zu mehr Konflikten führt.* Köln 2018.

119 Hengameh Yaghoobifarah: »ACAB: All cops are berufsunfähig«. *Die Tageszeitung,* 15.06.2020.

120 Canan Topçu: »Nicht mein Antirassismus«. *Sueddeutsche.de,* 01.10.2020. https://www.sueddeutsche.de/politik/rassismus-deutschland-gastbeitrag-1.5043198

121 Hamed Abdel-Samad: *Schlacht der Identitäten. 20 Thesen zum Rassismus – und wie wir ihm die Macht nehmen.* München 2021, S. 69 f.

122 Erik Wemple: »What happened with New York Times Reporter Donald McNeil?«. *Washington Post,* 09.02.2021. https://www.washingtonpost.com/opinions/2021/02/09/what-happened-with-new-york-times-reporter-don-mcneil/

123 Kathryn Rubino: »Law School N-Word Controversy Is More Complicated Than It Appears At First Glance«. *Above The Law,* 13.01.2021. https://abovethelaw.com/2021/01/law-school-n-word-controversy-is-more-complicated-than-it-appears-at-first-glance/

124 Helene Bubrowski: »›Indianerhäuptling‹ sagt man nicht«. *Faz.net,* 12.04.2021. https://www.faz.net/aktuell/politik/inland/identitaetspolitik-der-gruenen-erreicht-man-so-neue-waehler-17286107.html

125 Amjahid, *Der weiße Fleck,* S. 195.

126 Achim Hölter: »Das Ende von Bleichgesicht Dagobert«. *Faz.net,* 17.06.2021. https://www.faz.net/aktuell/feuilleton/debatten/neue-donald-duck-edition-sprachaenderungen-17392725.html

127 »Haile Selassie: Statue of former Ethopian leader destroyed in London park«. *BBC News,* 02.07.2020. https://www.bbc.com/news/uk-53259409

128 Susan Arndt: »Rassismus: Mohr war immer schon despektierlich gemeint«. *Berliner Zeitung,* 08.06.2021. https://www.berliner-zeitung.de/open-source/das-m-wort-war-schon-immer-despektierlich-gemeint-li.163643

129 Zitiert nach »›Berlin schreibt Weltgeschichte‹: Mohrenstraße wird ›unverzüglich‹ umbenannt«. *Welt.de,* 21.08.2020. https://www.welt.de/politik/deutschland/article214001656/Rassismusvorwuerfe-Mohrenstrasse-in-Berlin-wird-unverzueglich-umbenannt.html

130 Götz Aly: »Rettet die Berliner Mohrenstraße«. *Berliner Zeitung*, 18.05.2021. https://www.berliner-zeitung.de/mensch-metropole/rettet-die-berliner-mohrenstrasse-li.15943

131 Hubertus Habel: »Der ›Coburger ›Mohr‹«. In: Ulrich van der Heyden, Joachim Zeller (Hrsg.): *Kolonialismus hierzulande. Eine Spurensuche in Deutschland.* Erfurt 2007, S. 357–362.

132 Zitiert nach Titus Arnu: »Skandal im Anflug«. *Süddeutsche Zeitung*, 23.02.2021.

133 https://de.wikipedia.org/wiki/Hottentottenente

134 *The Guardian*, 22.09.2015. https://www.theguardian.com/music/2015/sep/22/otello-metropolitan-opera-scraps-blackface

135 Thomas Petersen, Institut für Demoskopie Allensbach: »Eine Mehrheit fühlt sich gegängelt«. *Faz.net*, 16.06.2021. https://www.faz.net/aktuell/politik/inland/allensbach-umfrage-viele-zweifeln-an-meinungsfreiheit-in-deutschland-17390954.html

136 Chimamanda Ngozi: »It is Obscene. A True Reflection in Three Parts«. 15.06.2021. https://www.chimamanda.com/

137 Mithu Sanyal: »Identitti«. *Puzzle Kulturmagazin*, BR, 22.02.2021. https://www.br.de/br-fernsehen/sendungen/puzzle/mithu-sanyal-identitti-puzzle-100.html

*Letztes Abrufdatum sämtlicher Internet-Quellen: 20. Juni 2021*

# Literaturverzeichnis

## Buchveröffentlichungen

Hamed Abdel-Samad: *Schlacht der Identitäten. 20 Thesen zum Rassismus – und wie wir ihm die Macht nehmen.* München 2021.

Götz Aly: *Das Prachtboot. Wie Deutsche die Kunstschätze der Südsee raubten.* Frankfurt am Main 2021.

Mohamed Amjahid: *Der weiße Fleck. Eine Anleitung zu antirassistischem Denken.* München 2021.

Susan Arndt, Nadja Ofuatey-Alazard (Hrsg.): *Wie Rassismus aus Wörtern spricht. (K)Erben des Kolonialismus im Wissensarchiv deutscher Sprache. Ein kritisches Nachschlagewerk.* Münster 2011.

Asfa-Wossen Asserate: *Integration oder die Kunst, mit der Gabel zu essen.* München 2011.

Asfa-Wossen Asserate: *Die neue Völkerwanderung. Wer Europa bewahren will, muss Afrika retten.* Komplett überarbeitete Neuausgabe. Berlin 2018.

Fatma Aydemir, Hengameh Yaghoobifarah (Hrsg.): *Eure Heimat ist unser Albtraum.* Berlin 2019.

May Ayim, Katharina Oguntoye, Dagmar Schultz (Hrsg.): *Farbe bekennen: Afro-deutsche Frauen auf den Spuren ihrer Geschichte.* 6. Aufl. Berlin 2020.

Agostino Paravicini Bagliani (Hrsg.): *Black Skin in the Middle Ages / La Peau Noire au Moyen Âge.* Florenz 2014.

Hugh Barnes: *Der Mohr des Zaren – Eine Spurensuche.* München 2007.

Marianne Bechhaus-Gerst, Joachim Zeller (Hrsg.): *Deutschland postkolonial? Die Gegenwart der imperialen Vergangenheit.* 2. Aufl. Berlin 2021.

Burchard Brentjes: *Anton Wilhelm Amo. Der schwarze Philosoph in Halle.* Leipzig 1976.

Philipp Blom, Wolfgang Kos (Hrsg.): *Angelo Soliman. Ein Afrikaner in Wien*. Wien 2011.

Aimé Césaire: *Rede über den Kolonialismus und andere Texte*. Übersetzt und eingeleitet von Heribert Becker. Berlin 2010.

Max Czollek: *Desintegriert Euch!* München 2018.

Karamba Diaby: *Mit Karamba in den Bundestag. Mein Weg vom Senegal ins deutsche Parlament*. Hamburg 2016.

Lutz van Dijk: *Die Geschichte Afrikas*. Frankfurt am Main 2004.

Horst Drechsler: *Südwestafrika unter deutscher Kolonialherrschaft. Der Kampf der Herero und Nama gegen den deutschen Imperialismus (1884–1915)*. 2. Aufl. Berlin 1984.

Anne Dreesbach: *Gezähmte Wilde. Die Zurschaustellung »exotischer« Menschen in Deutschland 1870–1940*. Frankfurt am Main 2005.

Andreas Eckert: *Geschichte der Sklaverei. Von der Antike bis ins 21. Jahrhundert*. München 2021.

Reni Eddo-Lodge: *Warum ich nicht länger mit Weißen über Hautfarbe spreche*. Aus dem Englischen von Anette Grube. Stuttgart 2018.

Aladin El-Mafaalani: *Das Integrationsparadox. Warum gelungene Integration zu mehr Konflikten führt*. Köln 2018.

David Eltis, David Richardson: *Atlas of the Transatlantic Slave Trade*. Yale 2015.

Lucia Engombe: *Kind Nr. 95. Meine deutsch-afrikanische Odyssee*. Berlin 2004.

Caroline Fourest: *Generation beleidigt. Von der Sprachpolizei zur Gedankenpolizei. Über den wachsenden Einfluss linker Identitärer*. Aus dem Französischen von Alexander Carstiuc, Mark Feldon, Christoph Hesse. Berlin 2020.

Christian Geulen: *Geschichte des Rassismus*. 4. Aufl. München 2021.

Bartholomäus Grill: *Wir Herrenmenschen. Unser rassistisches Erbe: Eine Reise in die deutsche Kolonialgeschichte*. München 2019.

Horst Gründer, Hermann Hiery (Hrsg.): *Die Deutschen und ihre Kolonien. Ein Überblick*. Berlin 2017.

Alice Hasters: *Was weiße Menschen nicht über Rassismus hören wollen, aber wissen sollten*. München 2019.

Stephen R. Haynes: *Noah's Curse. The Biblical Justification of American Slavery*. Oxford 2002.

Ulrich van der Heyden: *Rote Adler an Afrikas Küste. Die brandenburgisch-preußische Kolonie Großfriedrichsburg in Westafrika*. Berlin 2001.

Ulrich van der Heyden, Joachim Zeller (Hrsg.): *Kolonialmetropole Berlin. Eine Spurensuche.* Berlin 2002.

Ulrich van der Heyden, Joachim Zeller (Hrsg.): *Kolonialismus hierzulande. Eine Spurensuche in Deutschland.* Erfurt 2007.

Wulf D. Hund: *Wie die Deutschen weiß wurden. Kleine (Heimat)Geschichte des Rassismus.* Stuttgart 2017.

Natasha A. Kelly: *Rassismus. Strukturelle Probleme brauchen strukturelle Lösungen!* Hamburg 2021.

Ibram X. Kendi: *Gebrandmarkt. Die wahre Geschichte des Rassismus in Amerika.* Aus dem amerikanischen Englisch von Susanne Röckel und Heike Schlatterer. München 2017.

Ibram X. Kendi: *How To Be an Antiracist.* Aus dem amerikanischen Englisch von Alina Schmidt. München 2020.

Christian Koller: *»Von Wilden aller Rassen niedergemetzelt«. Die Diskussion um die Verwendung von Kolonialtruppen in Europa zwischen Rassismus, Kolonial- und Militärpolitik (1914–1930).* Stuttgart 2001.

Johannes Krause (mit Thomas Trappe): *Die Reise unserer Gene. Eine Geschichte über uns und unsere Vorfahren.* Berlin 2019.

Anne Kuhlmann-Smirnov: *Schwarze Europäer im Alten Reich. Handel, Migration, Hof.* Berlin 2013.

Jacob Emmanuel Mabe: *Anton Wilhelm Amo interkulturell gelesen.* Aktualisierte Ausgabe. Berlin 2020.

Ijoma Mangold: *Das deutsche Krokodil. Meine Geschichte.* Reinbek 2017.

Peter Martin: *Schwarze Teufel, edle Mohren. Afrikaner in Bewußtsein und Geschichte der Deutschen.* Hamburg 1993.

Achille Mbembe: *Kritik der schwarzen Vernunft.* Aus dem Französischen von Michael Bischoff. Berlin 2014.

Achille Mbembe: *Ausgang aus der langen Nacht. Versuch über ein entkolonisiertes Afrika.* Aus dem Französischen von Michael Bischoff. Berlin 2016.

Achille Mbembe: *Postkolonie. Zur politischen Vorstellungskraft im gegenwärtigen Afrika.* Wien/Berlin 2016.

Theodor Michael: *Deutsch sein und schwarz dazu. Erinnerungen eines Afro-Deutschen.* München 2015.

George L. Mosse: *Die Geschichte des Rassismus in Europa.* Erweiterte Ausgabe. Frankfurt am Main 2006.

Tupoka Ogette: *exit RACISM: rassismuskritisch denken lernen.* Münster 2019.

Jürgen Osterhammel, Jan C. Jansen: *Kolonialismus. Geschichte, Formen, Folgen*. 7. Aufl. München 2012.

Jürgen Osterhammel, Jan C. Jansen: *Dekolonisation. Das Ende der Imperien*. München 2013.

Johny Pitts: *Afropäisch. Eine Reise durch das schwarze Europa*. Aus dem Englischen von Helmut Dierlamm. Berlin 2020.

Gilles Reckinger: *Bittere Orangen. Ein neues Gesicht der Sklaverei in Europa*. Wuppertal 2018.

Klaus Reichert: *Das Hohelied Salomos*. München 1998.

Layla F. Saad: *Me and White Supremacy. Combat Racism, Change the World, and Become a Good Ancestor*. London 2020.

Felwine Sarr: *Afrotopia*. Aus dem Französischen von Max Henninger. Berlin 2019.

Felwine Sarr, Bénédicte Savoy: *Zurückgeben. Über die Restitution afrikanischer Kulturgüter*. Aus dem Französischen von Daniel Fastner. Berlin 2019.

Bénédicte Savoy: *Afrikas Kampf um seine Kunst: Geschichte einer postkolonialen Niederlage*. München 2021.

Bénédicte Savoy, Isabelle Dolezalek, Robert Skwirblies (Hrsg.): *Beute. Eine Anthologie zu Kunstraub und Kulturerbe*. Berlin 2021.

Bénédicte Savoy, Merten Lagatz, Philippa Sissis (Hrsg.): *Beute. Ein Bildatlas zu Kunstraub und Kulturerbe*. Berlin 2021.

Wolbert Smidt: *Afrika im Schatten der Aufklärung. Das Afrikabild bei Immanuel Kant und Johann Gottfried Herder*. Bonn 1999.

Noah Sow: *Deutschland Schwarz Weiß: Der alltägliche Rassismus*. Books on Demand. Neuauflage 2018.

Gude Suckale-Redlefsen: *Mauritius. Der heilige Mohr. The Black Saint Maurice*. München u. a. 1987.

Andrew Valls (Hrsg.): *Race and Racism in Modern Philosophy*. Ithaka, NY, 2005.

Frank B. Wilderson III: *Afropessimism*. New York 2020.

Jürgen Zimmerer (Hrsg.): *Kein Platz an der Sonne. Erinnerungsorte der deutschen Kolonialgeschichte*. Frankfurt am Main 2013.

# Zeitschriften, Aufsätze, Artikel, Online-Medien

Bundeszentrale für Politische Bildung: »(Anti-)Rassismus«. *Aus Politik und Zeitgeschichte*, Nr. 42–44/2020.

Willfried F. Feuser: »Das Bild des Afrikaners in der deutschen Literatur«. In: *Akten des V. Internationalen Germanisten-Kongresses (1975), Jahrbuch für Internationale Germanistik*, Reihe A, Bd. 2, 4 (1976), S. 306–315.

Anda E. Greeney: »The Queen of Sheba Possibly Adored in the Song of Songs«. Paper, Harvard University, 6. August 2014.

Gisela Lebzelter: »Die ›Schwarze Schmach‹. Vorurteile – Propaganda – Mythos«, in: *Geschichte und Gesellschaft* 11 (1985), S. 37–58.

Landeszentrale für politische Bildung Baden-Württemberg (Hrsg.): »Rassismus – Geschichte, Spuren, Kontinuitäten«. *Bürger & Staat*, Nr. 1–2/2021.

Konrad Melchers: »Die schwarze Königin von Saba in Klosterneuburg. Zur Bedeutung afrikanischer Christen für Europa in der Zeit der Kreuzzüge«. Exposé für das Symposium von Pactum Africanum zur Förderung des Dialogs zwischen den drei Abrahamitischen Religionen Judentum, Christentum und Islam. Klosterneuburg, 12.9.2019. https://queen-of-saba.at/symposium/

Gabriele Metzler: *Europa zwischen Kolonialismus und Dekolonisierung. Informationen zur politischen Bildung*, Nr. 338/2018.

Wolfram Schäfer: »Von ›Kammermohren‹, ›Mohren‹-Tambouren und ›Ost-Indianern‹«. In: *Hessische Blätter für Volks- und Kulturforschung*, 23 (1988), S. 35–79.

Effrosyni Zacharopoulou: »The Black Saint Maurice of Magdeburg and the African Christian Kingdoms in Nubia and Ethiopia in the Thirteenth Century.« In: *The Southern African Journal of Medieval and Renaissance Studies* 25 (2015), S. 77–110.

Jürgen Zimmerer: »Bismarck und der Kolonialismus«. In: *Aus Politik und Zeitgeschichte*, 13/2015, S. 33–38.

# Danksagung

Zuerst möchte ich dem Verlag dtv danken, dass er mir dieses Forum gegeben hat, um meinen Beitrag zur aktuellen Rassismus-Debatte zu leisten.

Viele Freunde, die wussten, dass ich über dieses Thema schreibe, haben mich mit Hinweisen, Artikeln und Impulsen unterstützt. Besonders hervorheben möchte ich den Publizisten Herrn Dr. Konrad Melchers, einen großen Freund und Kenner Afrikas, der mir wichtige Literatur empfohlen hat und mit dem ich in ständigem Austausch war.

Dem Afro-Deutschen Akademiker-Netzwerk ADAN und seinen Mitgliedern, mit denen ich im April 2021 eine ausführliche Diskussion zu ihren Erfahrungen in Deutschland führen konnte, möchte ich für ihre offenen Worte danken.

Meinem langjährigen Lektor Rainer Wieland bin ich für die stets gute und fruchtbare Zusammenarbeit und immerwährende Professionalität von ganzem Herzen dankbar.

*Asfa-Wossen Asserate*